CAROLIN LÜDEMANN

Die Kunst, zu wirken

Wie Sie sympathisch und authentisch überzeugen

BOOKS4SUCCESS

Gestaltung und Satz: Johanna Wack, Börsenmedien AG, Kulmbach
Lektorat: Hildegard Brendel
Druck: Freiburger Graphische Betriebe GmbH & Co. KG

ISBN 978-3-942888-44-8

Bibliografische Information der Deutschen Nationalbibliothek:
Die Deutsche Nationalbibliothek verzeichnet diese Publikation in der Deutschen Nationalbibliografie; detaillierte bibliografische Daten sind im Internet über <http://dnb.d-nb.de> abrufbar.

BÖRSEN MEDIEN
AKTIENGESELLSCHAFT

Postfach 1449 ▪ 95305 Kulmbach
Tel: 0 92 21-90 51-0 ▪ Fax: 0 92 21-90 51-4444
E-Mail: buecher@boersenmedien.de
www.books4success.de

Carolin Lüdemann verkörpert glaubhaft, was sie schreibt, und bringt unterhaltsam auf den Punkt, worauf es wirklich ankommt.

DIETMAR DEFFNER, Leiter Wirtschaftsredaktion
und Moderator bei N24

Inhaltsverzeichnis

VORWORT

„I have a dream“, sagte Martin Luther King. „Ich bin ein Berliner“, sprach John F. Kennedy. „Da werden Sie geholfen“, ulkte Verona Feldbusch. Michael Jackson war der „King of Pop“. Helmut Kohl der „Kanzler der Wiedervereinigung“. Barack Obama verkündete: „Yes, we can!“. Lady Diana galt als die „Prinzessin der Herzen“. Und Neil Armstrong eröffnete: „Ein kleiner Schritt für einen Mann, aber ein großer Sprung für die Menschheit“, als er am 20. Juli 1969 als erster Mensch den Mond betrat.

Ein Mensch – ein Satz. Ein Satz, den man entweder über ihn sagt oder den er mit seinen eigenen Worten geprägt hat. Manchmal sogar ein Satz, der Gänsehautfaktor hat. In vielen der genannten Beispiele handelt es sich um Menschen, die sich über viele Jahre hinweg verdient gemacht haben. Andere hatten vielleicht einfach nur Glück und waren zur richtigen Zeit am richtigen Ort und wussten „ihre“ Gelegenheit geschickt zu nutzen. Was am Ende bleibt, ist ein Satz, der unwiderruflich mit dieser Person verknüpft wird: Fragen wir ein Dutzend Passanten auf der Straße nach „John F. Kennedy“ und danach, was sie mit dem früheren amerikanischen Präsidenten verknüpfen, antworten die meisten im Handumdrehen: „Ich bin ein Berliner“. Auch den Spruch, mit dem Verona Feldbusch bekannt wurde, kennen die meisten Deutschen und wissen, dass mit „Da werden Sie geholfen“ aus einer leichten Grammatikschwäche plötzlich ein durchschlagener Erfolg wurde. Ob Martin Luther King oder Barack Obama wussten, dass „ihr“ Satz Geschichte schreiben würde? Wohl kaum. Ganz überraschend kam die prominente Entwicklung dennoch nicht.

Wir sollten wohl besser nicht so naiv sein und denken, dass hinter dem Bekenntnis von John F. Kennedy oder dem Wahlkampfslogan von Barack Obama keine ausgeklügelte Strategie gesteckt hätte. Zum Beispiel: Der Ausspruch Kennedys: „Fragt nicht, was euer Land für euch tun wird – fragt, was ihr für euer Land tun könnt“ war keineswegs ein Zufallsprodukt. Er ging vielmehr auf seinen Redenschreiber Theodore C. Sorenson zurück, der viele Aussprüche des amerikanischen Präsidenten prägte. So auch die sorgfältig formulierte Antwort Kennedys auf Nikita Chruschtschows Brief, der zum Abzug der sowjetischen Raketen auf Kuba 1962 führte und eine nukleare Eskalation im Kalten Krieg verhinderte.

Das bedeutet: Sprache ist mächtig. Sie ist sogar in der Lage, Kriege zu verhindern und sie kann Kriege entzünden. Aussagen, die so wirksam sind, haben ihre eigenen Gesetze. Und doch ist es nicht die Aussage allein, die ein Publikum in den Bann zieht. Stellen Sie sich einen Redner vor, der mit hängenden Schultern und mit leiser Stimme zu großen Taten aufruft. Statt frenetischem Applaus wird er nur betretenes Schweigen ernten und keiner der Zuhörer käme je in die Versuchung, den

Worten Folge zu leisten. Warum? Ganz einfach: weil der Redner weder authentisch noch echt oder gar überzeugend wirkt. Die Diskrepanz zwischen seinem eigenen Auftreten und dem Appell an die Zuhörer ist viel zu groß, als dass man den Worten Glauben schenken könnte.

Und doch ist dieser schwache Redner in guter Gesellschaft: Umfragen zufolge haben die meisten Menschen mehr Angst davor, eine Rede zu halten, als vor dem Tod. Jedoch gibt es einige wenige Menschen, denen es mit Leichtigkeit und Spaß gelingt, ihr Publikum mit Worten zu fesseln.

Was aber unterscheidet den atemberaubenden und geistreichen Redner von demjenigen, dem auf der Bühne die Knie zittrig werden? Zunächst einmal die Tatsache, dass der eine sich überwunden hat. Denn den geborenen Redner, den gibt es nicht. Es gibt nur Menschen, die es gelernt haben, mit ihren Worten und ihrem Auftreten andere Menschen zu begeistern. Daraus folgt, dass jeder Mensch gutes Reden und ein überzeugendes Auftreten lernen kann.

Genau diese Gesetze eines gelungenen Auftritts möchte ich Ihnen auf den folgenden Seiten vorstellen, denn vergessen wir nicht: Sie haben nichts zu verschenken. Jeder Mensch bekommt in seinem Leben 15 Minuten Ruhm, sagte Andy Warhol.

Sorgen Sie dafür, dass Sie Ihre Chance nicht ungenutzt verstreichen lassen.

Carolin Lüdemann

Die Geschichte von Victor Lustig *und was man von einem Trickbetrüger lernen kann*

Victor Lustig (*1890 in Böhmen; †1947 in Springfield, Missouri) war ein Betrüger und Hochstapler, der sein Geschäft verstand. Lustigs Familie gehörte zum gehobenen Bürgertum, und so genoss Victor Lustig eine hervorragende Ausbildung, in der er unter anderem lernte, fünf Sprachen fließend zu beherrschen. Vor allem jedoch hatte er eine sehr gute Beobachtungsgabe und wusste, was er wann, wem und vor allem wie sagen musste, um seine Ziele zu erreichen. Darum wurde er auch schon kurz nach seiner Schulzeit wegen erster Missetaten zu einer Gefängnisstrafe verurteilt. Im Anschluss verdiente Lustig seine Brötchen mit Betrügereien bei Karten- und Glücksspielen auf den großen Überseedampfern. Mit dem Ausbruch des ersten Weltkriegs erlosch dieser Geldsegen jedoch und Lustig musste sich etwas Neues einfallen lassen.

Im Jahre 1920 wanderte er in die USA aus, wo er sich fortan „Graf Victor Lustig“ nannte. Dank seiner hervorragenden

KAPITEL 1

„Es ist ein Jammer, dass die Dummköpfe so selbstsicher sind und die Klugen so voller Zweifel."

BERTRAND RUSSELL (1872-1970),
britischer Mathematiker, Nobelpreisträger für Literatur

Menschenkenntnis, seines aristokratischen Auftretens und seiner außergewöhnlichen Beobachtungsgabe gelang es ihm, seine Schwindeleien zu perfektionieren und er scheute sich auch nicht davor, große Gangsterbosse reinzulegen. Er täuschte bei Pferdewetten sichere Tipps vor, um sich anschließend mit den Einsätzen auf und davon zu machen, und verkaufte Al Capone höchstpersönlich Gelddruckmaschinen, die gar nicht funktionierten. Insbesondere die Geldfälscherei hatte es Lustig angetan. Später wurde er deswegen auch inhaftiert, konnte den Sheriff jedoch davon überzeugen, ihn im Tausch gegen eine Gelddruckmaschine zum Sonderpreis wieder auf freien Fuß zu setzen. Zu spät erkannte der Sheriff, dass die Maschine gar kein Falschgeld drucken konnte und nahm Lustigs Verfolgung auf.

Als er den Hochstapler schnappte, erklärte Lustig dem Sheriff, dass dieser die Maschine falsch bedient habe. Er verwickelte den Sheriff in ein verwirrendes Fachgespräch aus technischem

Kauderwelsch und versprach ihm, demnächst bei ihm vorbeizukommen, um die Maschine noch einmal zu erklären. Zur Entschädigung und zum Ausgleich der Reisekosten gab er dem Sheriff mehrere 100-Dollar-Noten mit auf die Heimreise. Wie sich später herausstellte, handelte es sich dabei jedoch um Falschgeld und der Sheriff wurde kurze Zeit später deswegen verhaftet ...

Den ganz großen Coup plante Victor Lustig jedoch 1925 in Paris. Nachdem Lustig einen Zeitungsartikel über die Renovierungsbedürftigkeit des Eiffelturms gelesen hatte, fasste er kurzerhand den Entschluss, diesen in Eigenregie zu verkaufen. Die Idee war zu dieser Zeit nicht völlig undenkbar, wenn auch gewagt: Der Eiffelturm wurde nämlich 1889 für die Pariser Weltausstellung gebaut und sollte ursprünglich 1909 wieder abgebaut werden. Nach der Meinung der Pariser Bürger passte der Turm nicht ins Stadtbild, wurde dementsprechend schlecht gepflegt und sollte so schnell wie möglich dem Erdboden gleichgemacht werden. Victor Lustig ergriff diese Chance, gab sich fortan als Regierungsbeamter aus und ließ Ausschreibungen für den Verkauf des Eiffelturms fälschen. Danach verschickte er Einladungen zu Verkaufsverhandlungen an sechs Pariser Schrotthändler. Im prestigeträchtigen Hôtel de Crillon an der Place de la Concorde fanden dann die vertraulichen Gespräche der Händler mit dem vermeintlichen Regierungsbeamten Lustig statt. Das Hotel galt als bekannter Treffpunkt von Diplomaten und Politikern und bot Victor Lustig eine perfekte Tarnung.

Victor Lustig stellte sich in den Gesprächen als stellvertretender Generaldirektor des Postministeriums vor. Er erklärte den Interessenten, dass sie aufgrund ihrer Reputation als ehrliche Geschäftsleute ausgewählt wurden. Anschließend führte er aus, dass der Eiffelturm abgerissen und als Schrott verkauft werden solle. Aufgrund der zu erwartenden öffentlichen Diskussion wolle er die Gespräche zunächst vertraulich führen, bis alle Fragen geklärt seien. Er spazierte mit allen sechs Schrotthändlern zum Eiffelturm, um ihr Verhalten und ihr Interesse einschätzen zu können. Anschließend gab er bekannt, dass er die Gebote der Interessenten bis zum folgenden Tag erwarte.

Zu diesem Zeitpunkt jedoch war Lustig schon längst klar, dass er den Handel mit André Poisson abschließen würde, einem unsicheren Mann, der sich vom Kauf des Eiffelturms den Aufstieg in der Pariser Geschäftswelt erhoffte. Lustig musste sicherstellen, dass er mit André Poisson handelseinig werden würde – dessen Frau war aber weniger begeistert und zeigte sich misstrauisch. Um ihre Zweifel auszuräumen, setzte Lustig ein weiteres Treffen an. Dort wechselte er das Thema, wurde vertraulich und erzählte Poisson, wie schlecht er als Beamter verdiene und dass er sein Einkommen gern aufbessern würde. Poisson war mit korrupten Staatsangestellten vertraut, sodass er sofort verstand, warum Victor Lustig ein Schmiergeld forderte und diese Forderung letztlich auch die Frau Poissons von der Glaubwürdigkeit Lustigs überzeugt.

Nach Abschluss des Handels setzte sich Lustig unverzüglich nach Wien ab. Entgegen allen Erwartungen fand er in den Zeitungen keine Meldung über den Betrug. Poisson war so beschämt gewesen, dass er es nicht über sich brachte, zur Polizei zu gehen. Einen Monat später kehrte Lustig daher nach Paris zurück, um genau den gleichen Schwindel noch einmal zu absolvieren. Diesmal schöpfte der Käufer jedoch Verdacht und suchte die Polizei auf, woraufhin sich Lustig schnellstens aus dem Staub machte und sich in die USA absetzte.

Als Victor Lustig 1935 wegen anderer Betrügereien zu einer Gefängnisstrafe im berüchtigten Strafvollzug von Alcatraz verurteilt wurde, soll sich Al Capone persönlich dafür eingesetzt haben, dass Victor Lustig im Gefängnis nichts zustieß. Und als Lustig 1947 an einer Lungenentzündung starb, soll der Beamte beim Ausfüllen des Totenscheins unsicher gewesen sein, welchen Beruf er dem Betrüger zuschreiben sollte. Kurzerhand entschloss er sich für die Titulierung „Verkäufer"...

Lassen Sie mich im Anschluss an die Geschichte von Victor Lustig zuerst einmal klarstellen: Die Erzählung soll Sie nicht dazu anregen, Ihre Berufswahl zu überdenken und womöglich die „Karriere" eines Trickbetrügers einzuschlagen. Sehr wohl aber kann man aus ihr lernen. Denn es gibt anscheinend Menschen, die so gewinnend sind, dass sie andere Menschen mit Leichtigkeit von ihrem Anliegen überzeugen und erreichen, was sie sich vorgenommen haben. Es gibt aber auch Menschen, die trotz guter Argumente kein Gehör finden und die nicht zu ihrem Ziel gelangen.

Ein Beispiel: Eine Klientin berichtete mir, dass sie ein wiederkehrendes Problem in Besprechungen beobachtet hatte. Sie beteiligte sich an Diskussionen, brachte einen eigenen Lösungsvorschlag ein und stellte fest, dass man ihr dabei auch zuhörte. Sie führte also in aller Ruhe ihre Überlegungen aus und wurde von den übrigen Besprechungsteilnehmern dabei nicht unterbrochen. Dann jedoch passierte Folgendes: Man kommentierte ihren Lösungsvorschlag entweder gar nicht oder lediglich durch nichtssagende Worthülsen und wendete sich wieder der allgemeinen Diskussion zu. Kurze Zeit stand ein Kollege auf, präsentierte den Lösungsvorschlag der Klientin mit seinen eigenen Worten, inhaltlich ansonsten aber gleich, und erntete dafür von den anderen Teilnehmern breite Zustimmung.

Jetzt werden Sie erst einmal denken: „Was ist denn der Kollege für ein Schuft!", dass er so kaltschnäuzig die Ideen der Kollegin klaute. Die Klientin erzählte jedoch, dass ihr Kollege ein netter

Typ sei, der sie nie so ausbooten würde. Sie hatte den Eindruck, dass ihm gar nicht bewusst war, dass sie einige Minuten zuvor das Gleiche vorgeschlagen hatte. Und mit dem Kollegen selbst schien das übrigens auch den anderen Anwesenden nicht weiter aufgefallen zu sein. Da muss man sich doch schon fragen: Wie kann es sein, dass bei der einen die Idee gar nicht wahrgenommen wird, und der andere für den gleichen Vorschlag tosenden Applaus spendiert bekommt? Ganz einfach: Zwar haben beide den gleichen Lösungsweg vorgestellt, sie haben ihn jedoch auf völlig unterschiedliche Art und Weise präsentiert.

Doch nicht nur das: ich behaupte, der Kollege hatte die Mehrheit der Besprechungsteilnehmer schon für sich eingenommen, bevor er überhaupt das erste Wort sprach. Er war nicht deshalb so erfolgreich, weil er die Sache inhaltlich besser darbot, sondern vielmehr, weil er sich selbst besser präsentierte. Manche Menschen haben nämlich schon gewonnen – oder verloren – bevor sie überhaupt etwas gesagt haben.

Gelingt es einem Redner nicht, das Publikum im ersten Moment von sich zu überzeugen, ist der Auftritt vorbei, bevor er überhaupt richtig angefangen hat. Kleinigkeiten können hier den entscheidenden Unterschied ausmachen. Das bedeutet auch, dass Sie nicht unbedingt zu einem großen Sprung ansetzen müssen und nun alles anders machen müssen, sobald sie vor Publikum stehen. Manchmal sind es nur Details, die Sie eine ganz andere und bessere Figur abgeben lassen.

Victor Lustig hatte generell kein Problem damit, andere für sich einzunehmen. Ihm gelang es mit Leichtigkeit, seine Mitmenschen in seinen Bann zu ziehen. Offensichtlich hatte er ein derart einnehmendes Wesen, dass Al Capone beschloss, ihn im Gefängnis zu beschützen, obwohl Lustig ihn mehrfach betrogen hatte. Als wesentliche Pluspunkte konnte er gute

Umgangsformen, sprachliches Geschick, ein gepflegtes Äußeres und ein sympathisches Auftreten in die Waagschale werfen.

Viel entscheidender war jedoch die Tatsache, dass Victor Lustig von seinen Mitmenschen als sehr überzeugend und authentisch wahrgenommen wurde. Obwohl er schauspielerte, meisterte er seine Rolle offensichtlich so gut, dass man ihm ohne Bedenken zutraute, ein „Graf" oder ein „hochrangiger Beamter" der Stadt Paris zu sein. Und da man Lustig seine Rolle allzu gern abkaufte, war es dank seines vermeintlich authentischen Auftretens gar kein Wunder, dass die Leidtragenden seiner Betrügereien leichte Opfer waren. Sie konnten gar nicht anders, als Victor Lustig Glauben zu schenken. Denn wir schenken den Menschen unser Vertrauen, die glaubhaft in ihrem Tun bzw. authentisch in ihrem Verhalten sind.

Umgekehrt nehmen wir mit sehr sensiblen Antennen sofort wahr, wenn wir Unstimmigkeiten bzw. Abweichungen zwischen Gesagtem und Getanem feststellen und reagieren dann recht schnell misstrauisch. Im Umgang mit Menschen gibt es daher nichts, das wirkungsvoller und überzeugender sein könnte, als ein sympathisches, kompetentes und authentisches Auftreten. In diesem Sinne: Vorhang auf.

Vorhang auf: *Ihr Auftritt, bitte!*

Im Jahr 2009 fand in Berlin die Leichtathletik-WM statt. Vielleicht erinnern Sie sich noch an das 100-Meter-Finale, in dem Usain Bolt zum Sieg lief und sich feiern ließ. Eventuell wissen Sie heute jedoch nicht mehr, wer in diesem Rennen Zweiter geworden ist. Und sehr wahrscheinlich erinnern Sie sich nicht mehr daran, wer als Drittplatzierter auf dem Treppchen stand. Obwohl Usain Bolt nur um Haaresbreite vor dem Silbermedaillengewinner Tyson Gay bzw. vor dem Bronzemedaillengewinner Assafa Paul durchs Ziel lief, sind uns der Zweit- und Drittplatzierte längst nicht so präsent wie der strahlende Sieger Usain Bolt.

Der Sieger bleibt im Gedächtnis, alle anderen geraten schnell in Vergessenheit. Und doch haben die zweit- und drittplatzierten Sportler im Vergleich zu Ihnen einen entscheidenden Vorteil: Sie wissen, wie wenig ihnen gefehlt hat, um Erster zu werden. Sie haben mit eigenen Augen gesehen, dass die Entscheidung knapp war und dass sie es das nächste Mal schaffen

KAPITEL 2

„Viele Menschen hinterlassen Spuren, nur wenige hinterlassen Eindrücke.“

WERNER MITSCH (1936-2009), deutscher Aphoristiker

können, als Erster durchs Ziel zu laufen. Vielleicht müssen sie anders oder mehr trainieren, ihre Ernährung umstellen, sich einen neuen Coach suchen oder noch mehr Übungswettkämpfe laufen. Aber sie wissen, dass die Entscheidung denkbar knapp war und dass von nun an jede noch so winzige Kleinigkeit zählt und im nächsten Rennen den Unterschied zwischen Gold-, Silber- oder Bronzemedaille ausmachen kann.

Genau das wissen die meisten Menschen nicht. Sie haben oftmals keine konkrete Vorstellung davon, warum sie einen Auftrag nicht bekommen haben. Oder warum ein anderer den begehrten Job ergattert hat. Es kann sein, dass zwischen den Wettbewerbern Welten lagen – aber vielleicht war der erhoffte Job oder der begehrte Auftrag auch nur einen kleinen Steinwurf entfernt. Das bedeutet: Man hat schlicht und ergreifend nichts zu verschenken. Und: Oftmals liegt nur eine Haaresbreite zwischen dem Sieger und dem Verlierer. Das bedeutet, dass Sie nicht alles „auf den Kopf stellen“ müssen, um zu siegen. Oftmals machen Kleinigkeiten den entscheidenden Unterschied aus. Eins von den Dingen, die den Unterschied machen und die viele Menschen gern, oft und manchmal sogar freiwillig vergeben, ist der eigene Auftritt und die daraus resultierende Wirkung. Sie zerbrechen sich zwar tagelang den Kopf über den Inhalt einer Präsentation oder schreiben fleißig an einer Rede – vergessen dabei aber, dass in erster Linie nicht der Inhalt überzeugt, sondern die Person, die diesen Inhalt vorträgt.

Menschen glauben Menschen. Menschen kaufen von Menschen. Menschen glauben erst dann an Informationen, wenn sie diese von Menschen erfahren, denen sie Vertrauen entgegenbringen und die sie überzeugen. Sogar im Fernsehen lautet ein bekanntes Credo „es muss menscheln“. Nichts ist langweiliger – und sogar unglaubwürdiger – als reine Sachinformationen.

Fragen Sie sich doch einmal selbst: Wem würden Sie lieber und leichter zuhören? Einem anerkannten Experten, der Ihnen die Fachausdrücke nur so um die Ohren haut oder einem Reporter, der zwar nicht direkt vom Fach ist, Ihnen die Problematik aber anschaulich, bildhaft und aus seiner persönlichen Sichtweise erklären kann? Im Gegensatz zum anerkannten Experten lässt der Reporter zu, dass Sie einen Hauch seiner Persönlichkeit erfahren dürfen. Das ist auch gut so. Denn letzten Endes glauben Sie erst an den Reporter als Person, bevor Sie seinen Informationen Glauben schenken. Nicht umgekehrt.

Leider jedoch scheuen sich viele Menschen davor, sich mit Ihrer Persönlichkeit einzubringen: Sei es in einem Smalltalk-Gespräch oder in Reden, Vorträgen und Präsentation. Genau das ist es jedoch, was Sie für andere interessant, authentisch, glaubhaft und überzeugend macht. Menschen interessieren sich für Menschen und deren Persönlichkeit. Kein Wunder, dass die interessantesten Reden die sind, in denen der Redner von persönlichen Erlebnissen berichtet. Dadurch schenkt er dem Publikum Vertrauen und lässt es einen Eindruck davon gewinnen, was ihn bewegt, berührt, amüsiert oder verärgert – und was für ein Mensch er ist.

Weniger Informationen, mehr Unterhaltungswert

Wer sich weg von Informationen hin zu Persönlichkeit bewegt, der bewegt sich auch auf einen gewissen Unterhaltungswert zu. Genau das ist vielen Rednern anfangs ein Dorn im Auge. Sie hegen die Vorstellung, dass sie über Sachinformationen wahrgenommen werden könnten und wollen auf keinen Fall, dass ihre Ansprache zur „Märchenstunde" verkommt.

Einer meiner Klienten beispielsweise hat einen Verein gegründet, den er in regelmäßigen Abständen in Unternehmen und auch in der Politik vorstellen darf. In den meisten Fällen hält er eine Rede vor großem Publikum, um möglichst viele Menschen für seine Idee zu begeistern. Bevor ich den Klienten das erste Mal persönlich traf, schickte er mir seine Unterlagen und einen Link zu seiner Webseite zu. Trotz intensivem Studieren seiner Texte habe ich nicht begriffen, welche Aufgaben der Verein wahrnimmt. Gefühlt uninformiert ging ich in unser erstes Gespräch und war fest entschlossen, mir schnellstmöglich die noch fehlenden Informationen einzuholen und ließ mir von meinem Klienten die Aufgaben des Vereins erklären: Nicht einmal, nicht zweimal sondern gleich dreimal musste der arme Mann ansetzen, um mir sein Anliegen verständlich zu machen. Interessanterweise traf ich einige Tage später einen alten Schulfreund, der bereits mehrfach das Vergnügen hatte, besagtem Vereinsgründer bei seinen Vorträgen zu lauschen. Nun raten Sie einmal, was er mich fragte, als wir über den gemeinsamen Bekannten stolperten. Wortwörtlich sagte er zu mir: „Kannst Du mir erklären, was der Verein eigentlich macht? Ich habe den Vortrag schon dreimal gehört, es aber irgendwie nicht richtig begriffen."

Als ich mir auf YouTube alte Videoaufzeichnungen des Redners ansah, bemerkte ich, dass sich sein Publikum während der Ansprachen jedes Mal gründlich langweilte und das Interesse an der gehaltenen Rede im Handumdrehen verlor. Es war dem Redner ganz offensichtlich nicht gelungen, in einfachen, verständlichen und nachvollziehbaren Worten kurz und prägnant sein Anliegen zu schildern. Stattdessen wanderte er in seinen Ausführungen vom Hundertsten in Tausendste, warf mit den Namen von persönlichen Fürsprechern (die leider keiner kannte) und Fachausdrücken nur so um sich. Am Ende gelang es den Zuhörern nicht, die Spreu vom Weizen zu trennen und wichtige Informationen von unwichtigen zu unterscheiden. Was blieb, war eine einzige Verwirrung, die die Zuhörer aus Höflichkeit nicht zugaben und die dem Redner darum auch leider lange verborgen blieb.

In diesem Szenario spiegelt sich ein klassischer Fehler wider: Je mehr sich ein Redner mit einem Thema verbunden fühlt, umso größer ist die Gefahr, dass er das Wesentliche, das Besondere oder das Einzigartige für selbstverständlich hält. Schlimmstenfalls vergisst er dann völlig, die entscheidenden Informationen auf den Punkt zu bringen und stiftet stattdessen mit der Schilderung von nebensächlichen Details Verwirrung.

Kehren wir nun zum „Unterhaltungswert" zurück: Wie Sie sicher schon erraten haben, war dieser im geschilderten Fall quasi nicht vorhanden. Das ist schlecht für den Redner – und natürlich auch für seine Zuhörer. Denn Menschen lieben Unterhaltung. Das gilt in jeder Hinsicht, sei es im beruflichen oder im privaten Kontext. Ohne jeglichen Unterhaltungswert wäre unser Leben ziemlich öde. Schon morgens, wenn wir die Füße aus dem Bett schwingen, unterhält uns der bevorzugte Radiosender. Dort werden Informationen nicht trocken vorgelesen, sondern musikalisch und amüsant untermalt. Beim Frühstück blättern wir in der Tageszeitung – die ebenfalls nicht nur Worte abdruckt, sondern mit zahlreichen Bildern unterhält und über Neuigkeiten informiert. Wenn wir das Haus verlassen, steigen wir in die Bahn und hören nebenbei noch ein wenig iPod. Am Arbeitplatz nehmen wir an einem Meeting teil, in dem nicht nur präsentiert, sondern auch animationsreiche Präsentationen gezeigt werden. Kehren wir am Abend nach Hause zurück, schalten wir den Fernseher ein und lassen uns dort selbstverständlich nicht von einem Standbild, sondern von einem spannenden Film unterhalten.

Wir sind Tag für Tag so sehr an Unterhaltung gewöhnt, dass uns recht schnell langweilig wird, wenn Unterhaltung fehlt. Dieses Bedürfnis nach Unterhaltung hat sich in den letzten Jahren deutlich erhöht: Wenn Sie sich heute einen alten Film anschauen, sind Sie manchmal verwundert, wie „wenig" darin passiert. Unser Wunsch nach „Action" hat sich im Vergleich zu früheren Zeiten nämlich gesteigert, zeichnet sich nicht nur in der klassischen Unterhaltungsbranche ab und macht somit auch keinen Halt vor anderen Lebensbereichen. Das bedeutet: Wenn Sie vor Publikum auftreten, müssen Sie Ihre Zuhörer unterhalten, amüsieren, anregen, erfreuen und ansprechen. Sonst werden Sie vom Publikum ausgeknipst wie eine öde Fernsehsendung. Da der Teilnehmer in diesem Moment nicht das ganze „Programm" wechseln kann, wird er zumindest das Zuhören ausschalten, seinen eigenen Gedanken nachhängen oder gar Zerstreuung in einem Blackberry suchen. Seltsam, aber gerade in Deutschland sind wir regelrecht stolz darauf, wenn wir unser Publikum mit reinen Informationen „erschlagen“. Wir meinen, es sei eine Art „Qualitätssiegel“, wenn wir uns auf nüchterne Fakten besinnen, eine klinisch reine Sprache sprechen, uns frei von Emotionen zeigen und uns auf die Schilderung von reinen Sachinformationen beschränken. Solche Vorträge und Präsentationen sind zwar sachlich korrekt, aber leider auch sterbenslangweilig. Und weil sie sterbenslangweilig sind, bewirken sie nichts. Das ist auch logisch, denn langweilige Informationen kann sich kein Mensch merken und somit auch nicht den Appellen des Redners Folge leisten – diese wurden nämlich schlicht und ergreifend nicht gehört.

Nun ist die Frage, inwiefern man seinen Vorträgen Unterhaltungswert verleihen kann, ohne dabei zu einer Art Kasper oder Clown zu verkommen. Darum geht es nämlich sicher nicht. Manch einem liegt es vielleicht, eine Comedyshow vor seinen Mitarbeitern aufzuführen und gewiss ist ihm dadurch die Aufmerksamkeit sicher. Die meisten Menschen haben jedoch kein solch ausgeprägtes Bespaßungstalent, sondern fragen sich vielmehr, wie sie einem ernsthaften Anliegen das richtige Maß an Überzeugungskraft und Unterhaltung verleihen können. Nicht zu viel, nicht zu wenig, sondern gerade so, dass die Zuhörer „am Ball“ bleiben und dass das Anliegen aufmerksam verfolgt wird. In meinen Seminaren und Coachings werde ich nicht müde zu betonen, dass die Wahrheit – wie so oft – zwischen den Extremen liegt. Häufig machen Vortragende den Fehler, dass sie sich zwingen, zwischen „nüchternen Fakten“ oder „Unterhaltungsshow“ zu entscheiden. Weder das eine noch das andere ist ratsam. Vielmehr macht die richtige Mischung den Erfolg aus. Es spielt dabei übrigens keine Rolle, ob sie vor Studierenden einer Hochschule oder vor deren Professoren referieren – jede Zielgruppe hegt den Wunsch nach Unterhaltung. Die Frage ist nur, durch welche konkreten Maßnahmen Sie diesen Wunsch zielgruppengerecht erfüllen.

Der Köder muss dem Fisch schmecken, nicht dem Angler

Warum stehen Sie „vorne"? Weil Sie informieren wollen – oder weil Sie überzeugen wollen? Typischerweise sagte der Klient, der die Idee seines Vereins publik machen wollte, dass er sein Publikum nicht „unterhalten", sondern seriös informieren wolle. Das Problem hierbei: das eine geht nicht ohne das andere. Über die Unterhaltung werden Informationen zugänglich gemacht und das Ohr des Zuhörers für die Kernbotschaften geöffnet. Erst wenn Kernbotschaften gehört und akzeptiert wurden, ist es möglich, Zuhörer zu überzeugen.

Das Prinzip lautet: Bringen Sie sich in eine Position, in der Ihnen die volle Aufmerksamkeit sicher ist und in der Sie Ihre besten Argumente platzieren können. In diesem Fall einigten wir uns daher darauf, dass der Klient eine heitere Anekdote erzählen sollte, die ihm zunächst einmal die Aufmerksamkeit des Publikums sicherte. Die das Publikum interessierte und amüsierte und die Lust darauf machte, weiter zuzuhören, um in der Folge wieder etwas Interessantes erfahren zu können.

Der Klient ging nach Hause, rief am nächsten Morgen wieder an und zweifelte: „Ich weiß nicht, ob ich die Anekdote wirklich zum Besten geben soll. Ich bin doch kein Märchenonkel. Mein Publikum fühlt sich bestimmt degradiert, dass ich ihm mein Anliegen mit so einfachen Worten erklären möchte ..." Falsch!

Ein Publikum fühlt sich niemals degradiert, wenn Sie es gut unterhalten. Ein Publikum wird jedoch sehr ungehalten, wenn es das Gefühl hat, dass es mit Ihnen seine Zeit verschwendet. Langeweile ist tödlich, Unterhaltung ist es garantiert nicht. Nach einiger Überzeugungsarbeit sprang der Klient dann also über seinen Schatten, erzählte „seine" Geschichte und erntete zum ersten Mal in seinem Leben aufrichtigen Applaus.

Doch nicht nur das: Am Ende seines Vortrags reihten sich die Zuhörer um ihn, um das Gespräch mit ihm zu suchen. Endlich hatte das Publikum begriffen, um was es in dem Vortrag ging, hatte sich angesprochen und ermuntert gefühlt, daran teilzuhaben. Vergessen Sie also nicht: Der Köder muss dem Fisch schmecken, nicht dem Angler.

Ein guter Auftritt wirkt nach

Wenn wir jedoch ganz ehrlich sind, geht es in einem guten Auftritt um noch mehr, als „nur" darum, ein verständliches Unterhaltungsprogramm zu bieten. Ohne Frage ist es wunderbar, wenn Ihre Zuhörer Ihnen zuhören. Noch viel besser ist es aber, wenn Ihr Vortrag etwas bewegt, wenn Ihre Zuhörer Ihren Vorschlägen folgen und in der Folge in Ihrem Sinne aktiv werden. Stellen Sie sich zu Beispiel vor, Sie wollten ein Publikum dazu aufrufen, Spenden zu tätigen. Da ist es zwar schön, wenn man Ihren Worten aufmerksam lauscht und am Ende sagt, Sie hätten eine tolle Rede gehalten. Tatsächlich reicht Ihnen dieses Kompliment jedoch nicht. Sie treten nicht nur auf, um sprechen zu dürfen. Letzten Endes wollen Sie, dass Ihre Zuhörer etwas tun – in diesem konkreten Fall erhoffen Sie sich möglichst großzügige Geldgeschenke. Es kommt also nicht nur darauf an, dafür zu sorgen, dass das eigene Anliegen gehört wird – im Idealfall wird auch dementsprechend gehandelt. Erfolgreich war Ihr Auftritt nämlich erst dann, wenn Ihr Publikum Ihre Ideen und Vorschläge auch tatsächlich umsetzt. Das bedeutet auch, dass der nachhaltige Erfolg einer Ansprache erst einige Zeit später sichtbar wird. Manchmal erst dann, wenn der Redner selbst schon gar nicht mehr vor Ort ist. Insbesondere für Führungskräfte stellt der nachhaltige Appell in Ansprachen eine elementare Herausforderung dar: Es wäre doch fatal, wenn Sie zwar in schönen Worten vor Ihren Mitarbeitern sprechen, der Zweck Ihrer Ansprache – Ihre Mitarbeiter zu einem bestimmten Handeln zu motivieren – jedoch im Handumdrehen verpufft.

Diesen grundsätzlichen Unterschied erkannte man schon in der Antike, in der insbesondere Cicero und Demosthenes als zwei große Redner galten – mit einem gravierenden Unterschied: Wenn Cicero von der Tribüne stieg, rief alles Volk entzückt: „Kein Sterblicher spricht schöner." Wenn Demosthenes sprach, so riefen die Athener: „Hurra, lasst uns losmarschieren." Während man im einen Fall von einer schönen Ansprache beseelt war, fühlte man sich im anderen Fall zum Handeln motiviert.

Die Geschichte der Rhetorik

In der griechischen Antike durfte nicht „jedermann" eine umfassende Rhetorik-Ausbildung absolvieren. Nur demjenigen, der charakterlich geeignet war, war es gestattet, in der Gänze zu lernen, wie man andere Menschen wortgewandt in seinen Bann zieht. Die Rhetorik gilt als die Kunst der Beredsamkeit, die in meinungsbildenden Prozessen der Antike eine herausragende Rolle spielte: Streitigkeiten um Grundstücksfragen beispielsweise mussten von den Parteien persönlich vor Gericht vorgetragen werden. Auch der Wettbewerb um die Besetzung von politischen Positionen wurde öffentlich ausgetragen und so erkannte man schnell, dass nicht unbedingt derjenige „Recht" bekommt, der „Recht" hat, sondern dass derjenige im Vorteil ist, der sein Anliegen sprachlich geschickter präsentieren kann. Viele Bürger suchten sich darum einen Redelehrer, die ihnen beim Ausarbeiten einer Ansprache half und bereits im 5. Jahrhundert v. Chr. entstanden Lehrbücher, die sich mit der Konzeption einer Rede, der Auswahl der passenden Argumente, der wirkungsvollen sprachlichen Ausgestaltung, dem Auswendiglernen und dem Vortragen beschäftigten.

Aristoteles entwickelte die erste systematische Darstellung der Redekunst und unterschied drei Formen der Überzeugung: Zum Ersten die Glaubwürdigkeit des Redners, zum Zweiten den emotionalen Zustand des Hörers und zum Dritten das Argument. In diesem Zusammenhang übte Aristoteles harsche Kritik an seinen Rhetorikgenossen, die sachfremde Emotionen erregten, indem sie beispielsweise ihre Familien vor Gericht erscheinen ließen, Mitleid erzeugten und das Recht auf ihre Seite zogen.

Als Aufgabe der Rede gilt es, den Zuhörer von einer Aussage zu überzeugen bzw. zu einer bestimmten Handlung zu bewegen. Rhetorik verbindet nach allgemeiner Auffassung dabei die Kunst mit der Wissenschaft: Zum einen geht es um die Kunst, Menschen zu überzeugen und zum anderen um die Wissenschaft der wirksamen Rede. Im Mittelalter gehörte die Rhetorik zum Kanon der sieben Freien Künste: Ihren Namen haben die „Freien Künste" dem Umstand zu verdanken, dass sie „eines freien Mannes würdig waren", was nichts anderes bedeutete, als dass sie nur derjenige ausüben konnte, der nicht zum Broterwerb arbeiten musste. Zu den Freien Künsten gehörten zum einen drei sprachliche und sprachlich-argumentative Fächer (Grammatik, Rhetorik und Dialektik) sowie vier mathematische Fächer (Arithmetik, Geometrie, Musik und Astronomie).

Seit Mitte des 20. Jahrhunderts wird der Begriff der „Rhetorik" umgangssprachlich sehr weit gefasst. Genau genommen besteht Rhetorik jedoch aus zwei Bereichen: Zum einen aus der allgemeinen Rhetorik (Theorie) und zum anderen aus der angewandten Rhetorik (Praxis). Da wir uns in diesem Buch mit den Gesetzmäßigkeiten des öffentlichen Auftritts und mit der Kunst zu wirken befassen werden, widmen wir uns auf den folgenden Seiten infolgedessen natürlich der praktischen, angewandten Rhetorik …

Ethik und Rhetorik

Gedanken zur Ethik rhetorischer Maßnahmen beschäftigen seit jeher die Gemüter. Tatsächlich liegen unethische Manipulation und legitimes Beeinflussen manchmal eng beieinander. „Dadurch, wie der Redner erscheint, gewinnen wir Vertrauen, und das ist dann der Fall, wenn er als rechtschaffener oder freundlich gesinnter Mensch oder als beides erscheint", so Aristoteles. Der Charakter eines Redners überzeugte ihn immer erst dann, wenn dieser glaubwürdig erschien, weil er sich durch Tugendhaftigkeit und Wohlwollen auszeichnete: Eine gelungene Rede lag nach Aristoteles vor, wenn der Redner charakterlich einwandfrei und zudem die Rede klar, aber weder banal noch erhaben war. Durch beides würde das Verständnis als auch die Aufmerksamkeit der Zuhörer gefördert und so riet Aristoteles schon damals zum Gebrauch von Metaphern. Neben Aristoteles sah auch Cicero das Idealbild des Redners zwingend mit den Merkmalen der Beredsamkeit, der Weisheit und des tugendhaften Lebens verknüpft. Gerade die jüngere Vergangenheit bietet einige Beispiele, die aufzeigen, dass Rhetorik ohne ethisches Fundament Menschen zu unmenschlichen Taten verleiten kann. Das bedeutet jedoch nicht, dass die Rhetorik an sich negativ sei. Vielmehr gibt es an sich keine „böse Sprache", leider manchmal jedoch „böse Sprecher". Immanuel Kant soll dementsprechend der Kunst der Rhetorik misstraut haben und vertrat die Auffassung, dass die oft mit der Rhetorik einhergehende Ausnutzung der Mitmenschen keiner Achtung würdig sei. Im Prinzip widerspricht er damit jedoch nicht den Auffassungen der Antike, die ebenfalls die charakterliche Eignung eines Redners als unabdingliche Voraussetzung gesehen haben.

Oft werde ich von den Teilnehmern meiner Seminare und Coachings darauf angesprochen, ob die Selbstinszenierung und die Kunst, zu wirken, ethisch vertretbar seien. Die hinter der Frage stehende Befürchtung lautet, dass man seine Mitmenschen erfolgreich blenden oder gar täuschen könnte. Gern wird in diesem Zusammenhang auch auf das Auftreten von Politikern angespielt: Wenn man der Rede eines Politikers lauscht, kann man ihm und dem Gesagten dann Glauben schenken? Oder könnte das Ganze von vorn bis hinten vielleicht „nur" eine perfekte Inszenierung sein? Ich gehe am liebsten von dem folgenden Szenario aus: Sie haben tatsächlich etwas Wichtiges und „moralisch Vertretbares" zu sagen. Sie neigen erfahrungsgemäß dazu, sich so sehr auf die Inhalte zu konzentrieren, dass Sie vergessen, dass die Art und Weise, wie Sie Ihre Inhalte zum Besten geben, entscheidend für Ihren Erfolg ist. In diesem Zusammenhang muss es doch erlaubt und legitim sein, wenn Sie sich von Anfang an optimal präsentieren und sich in eine Situation bringen, in der Sie Ihre Argumente platzieren können. Vergleichbar mit den Grundsätzen aus der Antike glaube ich ebenfalls daran, dass nicht nur der Inhalt, sondern auch die Person überzeugen muss. Natürlich gibt es Menschen, die eine glänzende Fassade errichten, hinter der jedoch dann nichts weiter zu finden ist. Nach meiner Erfahrung kann man damit auf Dauer jedoch nicht erfolgreich sein. Wir Menschen haben eine feine Antenne dafür, wenn etwas nicht stimmt. Wir merken es zum Glück recht schnell, wenn bei unserem Gegenüber Unstimmigkeiten vorliegen. Oft haben wir nichts weiter als ein bloßes Gefühl, das uns zur Vorsicht mahnt und das wir nicht logisch erklären können. In diesem Zusammenhang spielen körpersprachliche Faktoren eine ganz entscheidende Rolle und machen „Falschspielern" einen Strich durch die Rechnung: Stimmen verbale und nonverbale Äußerungen nicht überein, so nehmen wir den Menschen als nicht echt, als nicht authentisch, als verstellt und somit als nicht glaubwürdig wahr. Es bedarf also zwingend einer Übereinstimmung von Inhaltlichem und Äußerlichem, um andere Menschen wirklich für sich gewinnen zu können. Oder anders gesagt: Die innere Haltung ist das Fundament, auf dem dann alles Weitere aufbauen kann.

Gehen wir nun einmal von dem schlimmsten Fall aus: Wir haben einen Politiker vor uns, der uns etwas erzählt, was er nicht wirklich so meint. In diesem Fall kann ihn die Körpersprache entlarven und seine wahren Ansichten „beweisen". Vergleichbar mit einem Eisberg gehen wir nämlich davon aus, dass nur ein kleiner Teil des Eisbergs über Wasser liegt bzw. dass nur ein kleiner Teil der Kommunikation bewusst und verbal stattfindet. Der sehr viel größere Teil liegt bei einem Eisberg unter Wasser bzw. findet in der Kommunikation unbewusst statt und wird durch nonverbale Signale (Gestik, Mimik etc.) transportiert. Versucht nun der Politiker, uns inhaltlich etwas anderes zu „verkaufen", als er tatsächlich denkt, überführt ihn seine Körpersprache, die den Großteil der Kommunikation übernimmt und nicht anders kann, als die Wahrheit zu „sprechen“. In der Folge nehmen Sie als Zuhörer Unstimmigkeiten wahr, die Ihnen ein schlechte Gefühl vermitteln und dazu führen, dass Sie dem Redner nicht wirklich Glauben schenken. Problematisch könnte es werden, wenn nicht nur die Worte des Politikers die Unwahrheit sprechen, sondern wenn er uns zur gleichen Zeit mit einer „passenden“ bzw. falschen Körpersprache zu blenden versucht. Klar ist, dass das ein ganz schön anstrengendes Unterfangen zu werden verspricht: Auf der einen Seite muss sich der Politiker auf Worte konzentrieren und sich ja keinen bloßstellenden „Freudschen Versprecher“ leisten. Auf der anderen Seite soll er sich nun auch noch auf die „passende“ Körperhaltung mit Gestik, Mimik, Stand etc. konzentrieren. Beides wird nur schwerlich möglich sein.

Vor nicht allzu langer Zeit konnte man beim damaligen Verteidigungsminister Franz Josef Jung beobachten, welche unerwarteten Tücken ein öffentlicher Auftritt zu bieten hat: Als er sich im September 2009 für sein Handeln als Verteidigungsminister im Zusammenhang mit dem Bombardement zweier Tanklastzüge in Afghanistan und dem Tod unschuldiger Zivilisten rechtfertigen musste, blieb ihm im entscheidenden Moment die Stimme im Halse stecken. Gerade als Jung zur Beteuerung ansetzte, dass er die Öffentlichkeit nicht belogen habe, verschluckte er sich und ihm versagte im denkbar ungünstigsten Moment die Stimme, sodass es ihm nur mit viel Mühe möglich war, seine weiteren Worte auszusprechen.

Nicht immer muss ein so offensichtlicher Patzer sein, der zum bewussten Nachdenken über Wahrheit und Unwahrheit anregt. Häufiger kann man bei Politikern eine einstudierte Gestik beobachten, die quasi in jeder Lebenslage zur Anwendung gebracht wird. Und zwar ganz egal, ob uns gerade etwas Freudiges oder Fatales erzählt wird. Diese einstudierten Gestiken machen es zwar schwerer, die wahre Gesinnung des Sprechenden zu erkennen. Sie tragen aber auch nicht dazu bei, dass das Gesagte überzeugend untermauert wird. In der Folge nehmen Sie wieder Unstimmigkeiten beim Redner wahr, da seine Körpersprache erneut nicht zum Gesagten passt. Alles in allem kann also gesagt werden: Es ist nicht auszuschließen, dass wir uns durch perfekte Inszenierungen für einen Moment täuschen lassen. Auf Dauer wird das jedoch zum Glück nicht funktionieren.

Gute Redner gibt es nicht

Während es in anderen Ländern gang und gebe ist, eine regelrechte Ausbildung in Sachen „Auftreten und Wirkung“ zu absolvieren, gehen wir in Deutschland immer noch davon aus, dass man das ganz einfach zu können hat. Nicht selten klettert jemand die Karriereleiter empor und sieht sich – einhergehend mit der Beförderung – plötzlich mit der Herausforderung konfrontiert, öffentliche Auftritte zu absolvieren. Sei es in Form einer kleinen Dankesrede, einer großen Präsentation vor dem Vorstand oder einer motivierenden Ansprache zu Beginn eines neuen Geschäftsjahres. Obwohl fachlich kompetent, zittern dem mutigsten Manager nun plötzlich die Knie. Und das ist auch verständlich, denn ein guter Auftritt ergibt sich nicht von allein. Das wissen schon länger die Amerikaner, bei denen es eine Selbstverständlichkeit ist, dass man seine Selbstinszenierung nicht dem Zufall überlässt. An zahlreichen Colleges werden Studiengänge zu den sogenannten „liberal arts“ angeboten, die einer wissenschaftlichen Ausbildung vorgelagert sind und grundlegende Fähigkeiten (wie zum Beispiel die Ausdrucksfähigkeit) ausbilden sollen. Ein solches Bachelor-Studium dauert bis zu vier Jahre, beinhaltet neben den Wissensgebieten von Literatur und Sprache auch die Themen kreatives Schreiben, Musik, Kunst und Mathematik sowie Naturwissenschaften. Anschließend kann an einer „professional school“ oder „graduate school“ ein Zweitstudium in Jura, Medizin oder Betriebswirtschaft aufgenommen werden. Untersuchungen zufolge hatten im Jahre 1998 zwar nur drei Prozent aller College-Absolventen in den USA einen Abschluss an einem „liberal arts college“ erworben, im weiteren Ausbildungs- und Berufsleben dann jedoch nahmen sie einen überproportionalen Anteil an wirtschaftlichen und politischen Spitzenämtern ein: So waren acht Prozent der reichsten Menschen laut *Forbes*-Liste sowie 19 Prozent der US-Präsidenten und zwischen sechs und 23 Prozent der Pulitzer-Preisträger Absolventen eines solchen Studiengangs.

Umfragen zufolge haben die meisten Menschen mehr Angst davor, eine Rede zu halten, als vor dem Tod:

41 Prozent haben Angst davor, öffentlich zu reden
32 Prozent haben Angst vor großen Höhen
22 Prozent haben Angst vor Ungeziefer
22 Prozent haben Angst vor Geldsorgen
19 Prozent haben Angst vor dem Tod
18 Prozent haben Angst vor dem Fliegen
8 Prozent haben Angst vor der Dunkelheit

The Book of Lists, William Morrow Inc., New York

Auf der anderen Seite gibt es einige wenige Menschen, denen es mit Leichtigkeit gelingt, ihr Publikum mit Worten fesseln. Was aber unterscheidet den atemberaubenden und geistreichen Redner von demjenigen, dem auf der Bühne die Muffe geht? Zunächst einmal die Tatsache, dass sich der eine überwunden hat. Denn den geborenen Redner, den gibt es nicht. Es gibt nur Menschen, die es gelernt haben, mit ihren Worten und ihrem Auftreten Wirkung zu erzeugen und andere Menschen zu begeistern. Es überrascht mich immer wieder, wie viel Scheu Menschen davor haben, vor anderen Menschen aufzutreten. Oftmals sind das Menschen, die Sie im Alltag als sehr mutig, entschlossen und selbstbewusst wahrnehmen. Und doch haben diese manchmal regelrecht Panik, wenn ein öffentlicher Auftritt auf sie wartet. Dabei hilft es oftmals schon, seine Sichtweise nur ein klein wenig zu ändern und aus einem anderen Blickwinkel auf den eigenen Auftritt zu sehen. Statt sich permanent die vielen Risiken vor Augen zu führen, die mit einem Auftritt einhergehen, könnte man den Fokus stattdessen auf die reichhaltigen Chancen lenken, die dieser bietet.

In den USA beispielsweise gibt es viel mehr Menschen als in Deutschland, die sich in Sachen „Auftritt und Wirkung" schulen lassen. Dementsprechend größer ist auch das Angebot, auf das die Amerikaner im Vergleich zu uns zurückgreifen können. Ihnen ist bewusst, dass es nicht nur darauf ankommt, im Verborgenen zu agieren und gute Arbeit zu leisten, sondern dass sie auch im Scheinwerferlicht brillieren müssen, wenn ihre Leistungen bemerkt werden sollen. Wer die Gelegenheit hat, im Rampenlicht zu stehen, hat weitaus bessere Chancen befördert zu werden, weil er schlicht und ergreifend sichtbarer wird. Daher ist es kein Wunder, dass sich die Amerikaner um jeden Auftritt und um jede Präsentation reißen. In deutschen Unternehmen dagegen verschwinden die meisten Mitarbeiter im Handumdrehen unter dem Besprechungstisch, wenn es darum geht, einen öffentlichen Auftritt zu absolvieren. Freiwilligkeit wird da zum Fremdwort und übertriebene Zurückhaltung zur Tugend.

Tatsächlich ist noch kein Meister vom Himmel gefallen. Wenn Sie einen Redner sehen, der Sie beeindruckt, dann können Sie ganz sicher sein, dass in seiner tollen Performance eine ganze Menge Arbeit steckt. Denn das redende Naturtalent gibt es nicht. Tragischerweise gewinnen Zuhörer einer fulminanten Rede immer wieder den Eindruck, „der da oben" auf der Bühne würde diese tolle Ansprache „mal so nebenbei" halten. Sie sehen in ihm einen natürlich Begabten und in sich selbst das notorische Untalent. Würden sie sich selbst mit dem Redner vergleichen können, als dieser seine allererste Ansprache gehalten hat, wären sie dagegen überrascht, wie gut sie selber abschneiden.

Ich garantiere Ihnen: immer dann, wenn sich eine Rede, ein Vortrag oder eine Präsentation „leicht" anhören, sind sie das Ergebnis von zahlreichen Übungsdurchläufen und sehr viel Kopfzerbrechen. Damit wir uns richtig verstehen: Vergleiche sind gut. Aber nicht, weil sie Sie vor lauter Angst davon abhalten sollen, auf eine Bühne zu klettern, sondern vielmehr, weil Sie ihnen zeigen, wie weit Sie es bringen können.

Zwischen Ihnen und einem tollen Redner liegen keine Welten, sondern nur Arbeit und ein ordentlicher Schuss Mut. Glauben Sie bloß nicht, dass Sie ein besonders hoffnungsloser oder schwieriger Fall wären. Auch jene Menschen, die später als große Redner in die Geschichte eingingen, berichteten übereinstimmend, dass sie anfangs von großer Unsicherheit und von Ängsten geplagt wurden. Letzten Endes können wir uns jedoch immer nur dann weiterentwickeln, wenn wir etwas wagen, von dem wir nicht ganz sicher sind, ob es gelingt. Gerade wenn es keine Garantien für den Erfolg gibt, trennt sich die Spreu vom Weizen und nur der Mutige hat die Chance, sich das zu beweisen, und an immer neuen Aufgaben zu wachsen. Jedermann kann seine schlummernden Fähigkeiten wecken und zu einem mitreißenden Redner werden – er muss es nur wollen und bereit sein, dafür an sich zu arbeiten. Seien Sie außerdem sicher: Keine andere Leistung kann Ihnen so rasch beruflichen Erfolg und gesellschaftliche Anerkennung einbringen wie die Fähigkeit, überzeugend und gewinnend öffentlich zu sprechen. Die Investition in „Auftritt und Wirkung" ist darum eine, die sich immer auszahlt – auch wenn der Anfang häufig alles andere als leicht ist:

- Als ***Mark Twain*** das erste Mal aufstand, um einen Vortrag zu halten, hatte er das Gefühl, sein Mund sei voller Wolle.
- Der englische Staatsmann ***Benjamin Disraeli*** gab zu, dass er lieber einen Kavallerie-Angriff geleitet hätte, als zum ersten Mal eine Parlamentsrede zu halten. Und so war seine Eröffnungsrede auch ein großer Misserfolg. Später versagten jedoch so viele Redner des englischen Parlaments bei ihren Antrittsreden, dass es bis heute als schlechtes Omen gilt, wenn die Auftaktrede eines jungen Politikers ein Erfolg ist.
- Der spätere britische Premier ***Lloyd George*** offenbarte: „Als ich zum ersten Mal versuchte, öffentlich zu sprechen, befand ich mich in einem Zustand völligen Elends. Mir klebte die Zunge am Gaumen und zunächst brachte ich kein Wort heraus."
- ***Charlie Chaplin*** soll gesagt haben, dass sein Magen sich auf „rauer See" befände, wenn er ein Fernsehstudio betreten müsste.
- ***James Kirkwood***, einst ein berühmter Filmschauspieler, verfügte bereits über große Erfahrung als Bühnendarsteller. Als er jedoch ein Live-Interview im Radio geben musste, wischte er sich im Anschluss den Schweiß von der Stirn und bezeichnete eine Premierenaufführung im Vergleich als „Zuckerschlecken".

Wie sehr Menschen darunter leiden, vor Publikum aufzutreten, zeigte auch der Film „The King's Speech – Die Rede des Königs“. Dass dieser Film vier Oscars verliehen bekam, liegt nicht nur an seinem künstlerischen Wert, sondern wohl auch an seiner ewig aktuellen Thematik: Der Streifen erzählt von einem Mann, der sich vor Publikum bewähren und damit einhergehende Ängste überwinden muss. Der Film zeigt zum einen, was Menschen an öffentlichen Auftritten fürchten und zum anderen, wie betroffen es macht, wenn unsere eigenen Auftritte oder die der anderen scheitern. Gleichzeitig bewundern wir aus tiefstem Herzen diejenigen, die vorne stehen und einen souveränen Auftritt absolvieren können und wünschten, wir könnten deren Stelle einnehmen – manchmal auch, ohne dass wir es selbst wirklich probiert haben.

Auftritt *und Wirkung*

Entscheidend ist zu wissen, durch was und wie schnell wir auf unsere Mitmenschen wirken und wie wir unsere Außenwirkung möglichst positiv gestalten können. Diejenigen Menschen, die uns am meisten anziehen, sind Persönlichkeiten mit Charisma. Das griechische Wort chárisma hat eine religiöse Bedeutung und wurde mit der Fähigkeit verknüpft, andere Menschen zu inspirieren, zu überzeugen und führen zu können. Wer „Chárisma" hatte, war zum Propheten, zum Heiligen oder Helden auserkoren. Oft wird jedoch der Begriff „Charisma" heutzutage unbedacht verwendet. Fragt man Leute, wen sie als besonders charismatisch empfinden, so zählen diese vorwiegend Prominente auf und vergessen dabei, dass es auch in ihrem Freundes- und Bekanntenkreis oder im beruflichen Umfeld charismatische Persönlichkeiten gibt. „Charisma" wird also fälschlicherweise oft mit den Schlagworten „bekannt, gut aussehend, erfolgreich" gleichgesetzt.

KAPITEL 3

„Zwar denken wir gerne, dass wir vom Verstand geleitet werden, doch in Wahrheit wird die ganze Welt von Gefühlen geleitet."

*MARTIN W. LITTLETON (1872-1934),
amerikanischer Kongress-Abgeordneter*

Es gibt nur wenige Menschen, die sich nicht wünschen, charismatisch zu sein. Mit Charisma wird eine Anziehungskraft und Ausstrahlung verknüpft, der sich niemand entziehen kann. Umso banger wird den meisten zumute, wenn sie sich die Frage stellen: „Ist Charisma überhaupt erlernbar?" Sehr häufig wird angenommen, dass man das gewisse „Etwas" hat – oder eben nicht. Dass Charisma entweder angeboren ist – oder unerreichbar und für immer verloren. Fälschlicherweise wird hierbei vermutet, dass „Charisma" ein einzelner Aspekt der Persönlichkeit – oder anders gesagt: ein einziger und in sich geschlossener Baustein – ist. Tatsächlich setzt sich der große Baustein „Charisma" aus zahlreichen kleinen Bauklötzen zusammen. Je mehr Bauklötze zusammenkommen und je stärker diese einzelnen Bauklötze ausgeprägt sind, umso prägnanter ist auch die charismatische Ausstrahlung der Person. Letztlich ist Charisma also nicht „von Gott gegeben", sondern nur eine Frage dessen, durch welche Verhaltensweisen man auf seine Mitmenschen wirkt. Charismatisch zu sein bedeutet nichts anderes, als Wirkung zu erzielen.

Sympathie verkauft besser

Wer meint, dass Menschen rational entscheiden, der irrt. Nehmen wir zum Beispiel einmal an, dass Sie im Fernsehen eine Kaffeewerbung sehen. Darin sehen Sie ein glückliches Paar, das auf einem sonnigen Balkon eine Tasse Kaffee in trauter Zweisamkeit genießt. Ihnen ist klar, dass Sie – in der Hoffnung, dass Sie beim nächsten Besuch des Supermarktes dementsprechend zuschlagen werden – emotional beeinflusst werden sollen und in Ihnen das Gefühl wachsen soll, mit dem Erwerb des Kaffees auch ein Stück Lebensqualität zu erhalten. Bei diesem Beispiel ist schnell nachvollziehbar und durchschaubar, dass Werbung Sie mit Gefühlen beeinflussen möchte. Weniger bekannt ist die Tatsache, dass wir nicht nur in solchen Fällen emotional entscheiden oder ansprechbar sind, sondern auch in unserem ganz normalen Alltag. Wenn Sie sich entscheiden sollten, ob Sie beim Kauf eines Neuwagens lieber von den sympathischen oder dem unsympathischen Verkäufer beraten werden wollen, fällt Ihnen die Entscheidung reichlich leicht.

Etwas interessanter wird die Frage, wie Ihre Entscheidung ausfallen würde, wenn der unsympathische Verkäufer Ihnen ein besseres Angebot machen könnte. Würden Sie es dann über sich bringen, mit ihm zu verhandeln, obwohl Ihnen dieser Mensch reichlich unangenehm ist? Vielleicht schon. Das Problem wird nur sein, dass der Verkäufer erst gar nicht so weit käme, Ihnen sein günstiges Angebot zu unterbreiten – Sie würden ihm gar nicht besonders gut zuhören. Zuerst entscheiden wir emotional über unsere Zu- oder Abneigung, um uns dann mehr oder weniger rational den vorgebrachten Argumenten zu widmen. In jedem Gespräch wird zuerst auf emotionaler Ebene entschieden, ob man überhaupt gerne miteinander seine Zeit verbringt. Je positiver diese Bewertung ausfällt, umso größer ist unser Interesse und Wohlwollen für die nachfolgende Argumentation. Die Wahrheit lautet schlicht und ergreifend: Wir glauben einer Argumentation, wenn wir den Argumentierenden mögen.

Zunächst einmal finden wir Menschen sympathisch, die uns ähnlich sind. Und zwar unabhängig davon, ob es sich um Ähnlichkeiten in Charakter, Herkunft, Lebensstil oder Meinungsbildung handelt. Denn Gemeinsamkeiten machen sympathisch und geben uns Sicherheit. Ohne Ihrem Gegenüber etwas vorspielen zu wollen: In Gesprächen ist es ratsam und schlichtweg erfolgversprechender, sich mit seinen Mitmenschen über Gemeinsamkeiten und über Positives auszutauschen. Gemeinsamkeiten bestehen zum Beispiel auch darin, dass man zur gleichen Zeit am gleichen Ort weilt oder dem gleichen Vortrag lauscht. Bevor Sie sich über Krankheiten oder Katastrophen unterhalten, umgeben Sie sich lieber mit Menschen, die positiv sind und Erfreuliches erzählen, als mit solchen, die schlechte Nachrichten überbringen. Das dahinterstehende Prinzip lautet „Konditionierung". Sie verknüpfen den Charakter eines Menschen mit dem, was er Ihnen erzählt.

Wir haben sogar eine regelrechte Abneigung gegen Menschen, die uns schlechte Nachrichten übermitteln. Kein Wunder, wenn man einen Blick in die Geschichte wirft: Kaiserliche Boten im alten Persien beispielsweise hatten einen höchst gefährlichen Job. Sie wurden als Militärkuriere eingesetzt. Als solche mussten sie stets hoffen, dass sie eine gute Nachricht – in Form eines Siegs Persiens in der jeweiligen Schlacht – in der Tasche trugen. Wenn sie eine gute Nachricht überbrachten, wurden sie wie Helden gefeiert und mit üppigem Essen und schönen Frauen belohnt. Mussten sie dagegen eine schlechte Nachricht – die Niederlage Persiens – überreichen, wurde ihnen bei ihrer Ankunft kurzer Prozess gemacht und man brachte sie um.

Auch können wir uns kaum Menschen entziehen, die uns Komplimente aussprechen. Komplimente kann man auch in einem Vortrag einem ganzen Publikum auf einmal aussprechen. Amerikanische Redner neigen beispielsweise dazu, ihrem Publikum als Allererstes zu sagen, dass es etwas ganz Besonderes sei. Sie führen den Zuschauern vor Augen, dass nur ein geringer Prozentsatz der arbeitenden Bevölkerung an Weiterbildungsmaßnahmen teilnimmt. Sie machen dadurch deutlich, dass die Besucher des Seminars einige wenige besonders engagierte, fleißige und damit erfolgreiche Menschen sind. Und das funktioniert: Denn Schmeicheleien können wir uns nur sehr schwer entziehen – und zwar ganz unabhängig davon, ob sie stimmen oder ob wir tief in unserem Innersten Zweifel am Wahrheitsgehalt des Kompliments hegen.

Ein Experiment zeigte, dass wir auf Lobhudelei regelrecht hilflos reagieren: Teilnehmer einer Studie hörten Kommentare über sich aus dem Mund einer einzigen Person, die wollte, dass die Teilnehmer ihr einen Gefallen tun. Einige der Männer hörten nur positive Kommentare über sich, einige ausschließlich negative und die dritte Gruppe bekam eine Mischung aus „gut“ und „schlecht“ zu hören – mit interessanten Ergebnissen: In der Gruppe, in der sich die Person nur positiv äußerte, war sie am beliebtesten– obwohl den Männern sehr wohl bewusst war, dass der Schmeichler Hintergedanken hegte und dass die positiven Kommentare zum Teil „an den Haaren herbeigezogen“ bzw. nicht ganz glaubwürdig waren. Der positive Kommentar brachte stets gleich viel Sympathie ein; ob er nun stimmte oder auch nicht ...

Mit Authentizität überzeugen

Des Weiteren mögen wir Menschen, die authentisch sind. Nur Menschen, die „echt" sind und als „Original" gelten, die keine anderen kopieren, können selbstsicher auftreten und andere von sich überzeugen. Als echt wird derjenige empfunden, bei dem verbale und nonverbale Signale übereinstimmen und dem wir darum einfach „abnehmen", was er uns erzählt. Authentizität erzeugt immer und überall Vertrauen – und umgekehrt.

In Seminaren und Coachings trainiere ich Teilnehmer auf dem Weg zu mehr Wirkung. Unterstütze ich zum Beispiel jemanden darin, eine mitreißende Rede zu halten und sein Publikum zu begeistern, so meldet derjenige manchmal Zweifel an, wenn wir an seinem Auftreten feilen. Er hat Sorge, „danach" nicht mehr er selbst zu sein. Diese Zweifel anzumelden ist berechtigt: Verliert man sein echtes Auftreten, kann man auch nicht mehr das Vertrauen seines Publikums gewinnen und wäre damit gescheitert, bevor man überhaupt richtig durchstarten konnte.

Doch überlegen Sie: Würden Sie tausend Mal die gleiche Rede halten, so wären Sie beim tausend und ersten Mal sicher nicht mehr aufgeregt. Sie wüssten ganz genau, an welcher Stelle Sie welches Wort sagen wollen, wann Sie welche Anekdote erzählen und wann Sie Ihrem Publikum Raum zum Lachen oder Fragen geben müssen. Es wäre für Sie ein Leichtes, diesen Vortrag mitreißend zu gestalten und dabei sehr authentisch aufzutreten.

Manchmal kommt es jedoch vor, dass jemand trotz mehrfacher Übungsdurchläufe immer noch kein besonders guter

Redner ist. Das ist stets dann der Fall, wenn er sich nicht mit den Gesetzmäßigkeiten begeisternder Ansprachen beschäftigt hat oder diese ignoriert. Es kann trotzdem sein, dass sich der „schlechte Redner“ zwar sicher fühlt, sein Publikum aber schon im zweiten Satz einschläft. Und dann ist seine Sicherheit und Authentizität nicht viel wert. Denn dass am Ende einer der Zuhörer aufsteht, sich noch den Schlaf aus den Augen reibt und dem Redner sagt, dass er einen tollen Vortrag gehalten habe, weil er so authentisch gewesen sei, ist eher unwahrscheinlich. Manchmal kommen wir also nicht umhin, uns ein Stück weit aus der Sicherheit und aus der Deckung zu wagen, um besser werden zu können. Erst wenn wir regelmäßig unsere „Komfortzone“ verlassen, etwas anders machen und Neues wagen, können wir hinzulernen, besser werden und an Souveränität gewinnen.

Eine amüsante Geschichte hierzu: Stellen Sie sich einmal zwei Freunde vor, die beschließen, das Windsurfen zu probieren. Hierzu leihen sie sich im Urlaub zwei Bretter aus und schippern auf das Meer hinaus. Es wundert nicht, dass das Windsurfen nicht gerade reibungslos klappt. Schließlich handelt es sich keinesfalls um einen einfachen Sport und es bedarf sicher etwas mehr Übung, um gekonnt über die Wellen zu reiten. Die beiden Freunde haben zwar jede Menge Spaß, müssen aber feststellen, dass sie noch lange keine guten Windsurfer sind.

Jahre später verreisen die beiden erneut zusammen. Sie erinnern sich an ihre lustigen Windsurfversuche und leihen sich am Strand auf ein Neues zwei Bretter aus. Während der eine plötzlich gekonnt über das Meer fliegt, schafft es der andere nach wie vor nicht, sich auf dem Brett zu halten; geschweige denn Fahrt aufzunehmen. Völlig entgeistert fragt der gescheiterte Windsurfer seinen Freund, wie er das denn so gut hinbekommen hätte. Der Freund antwortet ihm, dass er einen Lehrer gehabt habe und dieser ihm in einem anderen Urlaub beigebracht hätte, wie man auf den Wellen reitet. Als der Windsurfer den Freund fragt, warum dieser denn immer noch so unbeholfen auf dem Brett herumturnt, kann dieser ja wohl schlecht antworten: „Mir kam es vor allem darauf an, möglichst authentisch zu sein …“

Es stimmt zwar: Souveränität entsteht in allererster Linie daraus, dass man sich in einer bestimmten Situation gut und sicher fühlt. Man wirkt dann auf sein Publikum, als sei man jeder Situation gewachsen und als könnte einen nichts erschüttern. Oftmals wird der Wunsch nach bleibender Authentizität somit auch als Vorwand benutzt, um nichts ändern und nicht an sich arbeiten zu müssen, weil übergangsweise die gefühlte Sicherheit, das Altbekannte, verloren geht. Wir Menschen sind soziale Wesen und haben den Wunsch dazuzugehören. Wenn Sie auf einer Bühne stehen, setzen Sie sich dem Urteil der anderen aus. Und genau das ist ganz schön schwierig. Ich behaupte, jeder kann eine tolle Ansprache halten, wenn er alleine ist.

Weitaus weniger einfach wird das Ganze vor Publikum. Das bedeutet auch, dass man Authentizität eigentlich nicht lernen kann. Man muss vielmehr im entscheidenden Moment gut und authentisch wirken, um andere überzeugen zu können. Und natürlich ist es schwierig, gewohnte Verhaltensweisen zu überschreiben und sich selbst immer wieder auf die Probe zu stellen. Phasenweise werden Sie sich nicht rundum wohl und souverän fühlen, wenn Sie etwas Neues wagen. Das ist jedoch noch lange kein Grund, davon Abstand zu nehmen. Erst, wenn wir etwas probieren, von dem wir nicht sicher wissen, ob wir es können, haben wir eine Herausforderung gefunden, an der wir wachsen und lernen können. Gerade wenn man neue Verhaltensweisen austestet und neue Reden probt, braucht es Zeit und Durchhaltevermögen, um das neue Verhalten authentisch zum Besten geben zu können. Werfen Sie nicht zu früh die Flinte ins Korn!

Der erste Eindruck als selbsterfüllende Prophezeiung

*„Gestik und Mimik verraten viel,
und die Augen der Ungebildeten
sind kundiger als ihre Ohren."*

WILLIAM SHAKESPEARE (1564-1616),
englischer Dramatiker, Lyriker und Schauspieler

Die meisten Redner sind der Überzeugung, dass sie ihr Gegenüber von sich einnehmen können, sobald sie die ersten Worte gesprochen haben. Fragt man sie, wie viel Zeit sie haben, um mit dem ersten Eindruck zu punkten, so erhält man nicht selten die Antwort, dass dafür einige Minuten ins Land gehen. Doch das ist mitnichten der Fall. Tatsächlich sind wir in der Lage, uns innerhalb kürzester Zeit einen ersten Eindruck zu verschaffen. Diese Fähigkeit führt man darauf zurück, dass es für uns vor Urzeiten überlebenswichtig war, einen zutreffenden ersten Eindruck zu gewinnen. Wir mussten damals entscheiden, ob wir kämpfen oder fliehen wollten. Wer zu lange überlegte, für den hatte sich die Entscheidung manches Mal schon erübrigt.

Menschen verfügen infolgedessen über eine nichtrationale Fähigkeit, Urteile über andere zu fällen. Deshalb sind wir in der Lage, schon im ersten Augenblick etwas sehr Grundlegendes über den Charakter eines Menschen wahrzunehmen. Leider ist sich die Wissenschaft nicht so ganz einig, wie schnell wir denn nun diesen ersten Eindruck gewinnen. Es gibt Vertreter, die sind der Auffassung, dass wir hierfür lediglich 0,3 Sekunden benötigen. Andere sind der Meinung, dass drei Sekunden vergehen. Übereinstimmung herrscht darüber, dass – wie früher angenommen – sieben Sekunden definitiv eine viel zu lange Zeitspanne darstellen und dass zu diesem Zeitpunkt schon längst alles entschieden ist. Fragt man in einem Seminar die Teilnehmer, ob sie denn eigentlich gut darin sind, einen treffenden ersten Eindruck zu gewinnen, so stellt man fest, dass sich die Gefragten zumindest innerlich auf die Schulter klopfen und sich zu ihrer Fähigkeit beglückwünschen, andere Menschen in Windeseile korrekt einschätzen zu können. In den meisten Fällen herrscht Einigkeit darüber, dass auf den ersten Eindruck Verlass ist. Dem widerspricht in gewisser Weise eine Studie der Harvard-Universität. Und das sollte ja wohl zu denken geben.

In einem Versuch hat man Studenten befragt, die ein halbes Jahr lang bei einem Professor in der Vorlesung saßen. Diese Studenten sollten anhand einer Checkliste von 15 Punkten Auskunft darüber geben, wie fachlich kompetent und wie sozial kompetent sie den Professor einschätzen. Es war natürlich kein Wunder, dass die Studenten zu übereinstimmenden Ergebnissen gelangten. Immerhin hatten sie ein halbes Jahr lang Zeit, den Professor genauer in Augenschein zu nehmen.

Außerdem werden wir nach einem halben Jahr kaum mehr vom ersten Eindruck sprechen können. Im Anschluss hat man eine Gruppe von studentischen Probanden gebeten, sich Videoaufzeichnungen des Professors anzusehen. Bei der ersten Gruppe zeigte man einen zehnsekündigen Filmausschnitt ohne Ton. Bei der zweiten Gruppe zeigte man einen fünfsekündigen Filmausschnitt. Und der dritten Gruppe gab man lediglich zwei Sekunden Zeit, um sich ein Bild vom Professor zu machen. Im Anschluss wurden die Gruppen gebeten, darüber Auskunft zu geben, wie fachlich und wie sozial kompetent sie den Professor einschätzen. Man staunte nicht schlecht, als man feststellte, dass es den Probanden zum einen nicht schwerfiel, eine Entscheidung über die Kompetenz des Lehrenden zu fällen. Zum anderen kamen die Probanden zu nahezu den gleichen Ergebnissen wie die Studenten, die immerhin ein halbes Jahr Zeit hatten, um sich ein Bild zu machen. Wie kann das sein? Bedeutet das, dass wir tatsächlich unschlagbar gut darin sind, uns einen zutreffenden ersten Eindruck zu verschaffen? Nicht so ganz.

Stellen Sie sich einmal das folgende Beispiel vor: An einem Montagmorgen gehen Sie in Ihrem Unternehmen zum Empfang, um dort einen Besucher abzuholen. Als Sie einen ersten Blick auf Ihren Gast erhaschen, sind Sie regelrecht euphorisch und sehr erfreut über den augenscheinlich sympathischen Gesprächspartner. Sie begleiten Ihren Gast zum Besprechungszimmer und widmen sich unterwegs einem anregenden Small-Talk-Gespräch. Im Konferenzraum angekommen servieren Sie eine schöne, heiße Tasse Kaffee. Nun jedoch passiert Ihrem Gegenüber ein Missgeschick: durch eine unachtsame Bewegung stößt der Gast die Tasse Kaffee um und diese ergießt sich im Folgenden quer über den gedeckten Besprechungstisch.

Jetzt mal ganz ehrlich: welche Gedanken schießen Ihnen in diesem Moment durch den Kopf? Ich behaupte, dass Ihre Gedanken in etwa folgendermaßen lauten: „Das kann doch mal jedem passieren“ oder „O je, hoffentlich hat sich der arme Mann nicht verbrüht“. Manch einer findet ein solches Missgeschick sogar sympathisch: Perfektion macht uns nämlich schneller Angst, als uns lieb ist. Es ist viel leichter, sich jemandem gegenüber entspannt oder gar erhaben zu fühlen, der durch sein Missgeschick in „Schieflage“ geraten ist. Wiederum andere sind ganz froh, wenn mal ein anderer außer ihnen selbst der Tollpatsch ist.

Und nun modifizieren wir diese Geschichte ein ganz klein wenig: Am Dienstagmorgen beschreiten Sie erneut den Weg zum Empfang. Dort holen Sie einen Besucher ab, der Ihnen nicht wirklich sympathisch erscheint. Während Sie am Montag noch dachten, dieser sei Ihr Glückstag, so denken Sie am Dienstag in etwa das genaue Gegenteil. Auf dem Weg zum Besprechungsraum halten Sie ein wenig höflichen Small Talk mit dem Besucher und endlich im Besprechungsraum angekommen, bieten Sie Ihrem Gast eine gute Tasse Kaffee an. Was nun passiert, werden Sie schon erraten haben. Ihr Gast kommt aus Versehen unglücklich mit der Tasse in Berührung und wirft diese um. Nun jedoch sind Sie bei Weitem nicht mehr so großzügig, wie Sie es noch am gestrigen Tage gewesen sind. Sie urteilen nämlich nicht mehr nach dem Motto „Kann ja mal passieren“, sondern eher nach der Kategorie „Habe ich es mir doch gleich gedacht“.

Was bedeutet das? Ganz einfach: Passiert ist in der Geschichte das exakt gleiche „Unglück“. Lediglich Ihre Interpretation war eine völlig andere. Während Sie beim ersten Besucher bereit waren, nahezu jeden Fehler aus Sympathie zu verzeihen, waren Sie beim anderen Besucher deutlich strenger. Während der eine Sie durch seinen positiven ersten Eindruck positiv vereinnahmt hat, hat der andere eher negativ „gepunktet“. Als Endergebnis müssen wir erkennen, dass der erste Eindruck alles, was „danach“ passierte, überstrahlte bzw. darauf ausstrahlte – im positiven wie auch im negativen Sinne.

Aus Vorstellungsgesprächen zum Beispiel weiß man, dass es zu einer der größten Herausforderungen für Personaler gehört, sich so weit wie möglich vom ersten Eindruck zu befreien. Denn vergessen wir nicht: Personaler sind auch nur Menschen, selbst wenn es nicht jedem Bewerber so vorkommen mag. Auch sie laufen Gefahr, sich von ihrem ersten Eindruck steuern zu lassen.

Untersuchungen zufolge dürfen Bewerber, die sich auf den ersten Blick passgenau präsentieren und dadurch im ersten Eindruck umfassend punkten, auf leichtere Fragen im Vorstellungsgespräch freuen. Während sie ausführlich über ihre Erfolge referieren dürfen, muss der nicht so passgenau erscheinende Bewerber schwitzend Rede und Antwort zu seiner fachlichen Kompetenz stehen. Wir alle können uns das Leben also deutlich vereinfachen, wenn wir im ersten Eindruck glänzen. Das bedeutet noch lange nicht, dass der erste Eindruck auch tatsächlich zutreffend ist. Fest steht, dass wir sehen, was wir glauben: Das, was wir innerhalb weniger Sekunden zu sehen meinen, manifestiert sich in unseren Köpfen als die unerschütterliche Wahrheit.

Es ist legitim und wahrscheinlich sogar ratsam, wenn Sie selbst darum in Zukunft lieber immer noch einmal einen zweiten Blick auf andere riskieren. Ein paar Sekunden sind einfach zu wenig Zeit, um tatsächlich erfassen zu können, wer da vor einem steht. Sie sollten sich jedoch lieber nicht darauf verlassen, dass Ihr Gegenüber das Gleiche tut. Offenbar müssen wir einen Menschen nicht wirklich kennen, um zu glauben, dass wir ihn kennen.

Im ersten Eindruck punkten

Es stellt sich somit die Frage, wie man den ersten Eindruck oder die ersten Sekunden möglichst positiv beeinflussen kann. Es geht sicher nicht darum, den anderen mit dem ersten Eindruck hinter das Licht zu führen. Wieder gehen wir an dieser Stelle davon aus, dass das Ziel nicht lautet, eine glänzende Fassade zu errichten, um dem anderen zu verheimlichen, dass in Wirklichkeit nichts dahinter steckt. Gerade weil die meisten Menschen viel zu bieten haben, kommt es darauf an, das seinem Gegenüber von Anfang an deutlich zu machen. Lassen Sie die ersten Sekunden ungenutzt oder gar negativ verstreichen, kommen

Sie womöglich gar nicht mehr in die Position, Ihr Anliegen zum Besten geben zu dürfen. Und das wäre doch schade.

Wenn wir uns vor Augen führen, dass der erste Eindruck nach wenigen Augenblicken entschieden wird, macht uns das auch deutlich, dass es verdammt schwer oder gar unmöglich wäre, über das gesprochene Wort Eindruck schinden zu wollen. Vielmehr sind es die nonverbalen Signale, die ein erstes Kennenlernen prägen. Dazu gehören körpersprachliche Elemente wie Mimik oder Gestik sowie natürlich auch das Thema Kleidung. Man geht davon aus, dass wir beim ersten Eindruck zu 55 Prozent über nonverbale Signale wirken, an zweiter Stelle steht mit 38 Prozent die Stimme oder die Art und Weise, wie wir etwas sagen, und zum Dritten bleiben dann noch sieben Prozent für das Gesagte übrig.

Selbstverständlich gibt es auch noch ein Leben nach dem ersten Eindruck und selbstverständlich wird es dann schon noch wichtig, wie man etwas und was man sagt. Aufgrund der Kürze der Zeit kann es jedoch für den ersten Eindruck nicht die entscheidende Rolle spielen. Insbesondere im Bereich der Körpersprache vergeben viele Menschen unnötig Punkte. Allzu häufig nehmen wir beispielsweise eine geschlossene Körperhaltung ein. Es mag sehr angemessen sein, wenn Sie die Arme vor dem Körper verschränken, sofern Sie in nächtlicher Dunkelheit auf einem ungemütlichen Bahnhof stehen. Weitaus weniger angemessen ist diese Körperhaltung jedoch, sobald Sie sich vor Publikum präsentieren – und das muss nicht zwingend nur in einer Rede der Fall sein.

Hände sprechen Bände

Gern wage ich vor Teilnehmern das Experiment, mich mit verschränkten Armen, nicht vorhandenem Lächeln und fehlendem

Blickkontakt auf die Bühne zu stellen. Wenn die Teilnehmer dann ihren ersten Schock über die Referentin verdaut haben, die so gar nicht ihren Vorstellungen entspricht, frage ich sie, welchen Eindruck ihnen meine Körperhaltung vermittelt hat. Schnell wird man sich einig, dass verschränkte Arme für Ablehnung, Desinteresse, Unsicherheit, Arroganz und Unlust stehen. Allesamt keine besonders guten Nachrichten, wenn man dieser Person in den folgenden Stunden als Zuhörer ausgeliefert sein wird. Berechtigterweise würde sich die Frage stellen, ob es wirklich Sinn macht, den Empfehlungen dieser Person zu folgen, die doch auf den ersten Blick alles andere als überzeugend bzw. überzeugt von ihrem Anliegen erscheint.

Selbstverständlich kann es für eine geschlossene Körperhaltung auch andere Gründe als die bislang genannten geben. Möglicherweise ist der Person kalt oder vielleicht – sofern wir diese Haltung an einem Besprechungstisch beobachten können – macht man es sich gerade gemütlich. Erstaunlich ist jedoch, dass die Teilnehmer zuerst stets ihre negativen Interpretationen nennen. Auf weitere Gründe muss man sie schon mit der Nase stoßen, damit diese überhaupt zur Sprache kommen. Umso überraschender, dass die meisten Menschen sehr viel häufiger eine geschlossene Körperhaltung einnehmen, als ihnen bewusst ist. Wäre es ihnen bewusst, würden sie diese Körperhaltung aufgrund ihres besseren Wissens garantiert nicht zeigen.

Glauben wir den Körpersprache-Experten, so dürfen wir davon ausgehen, dass sieben Achtel unserer Kommunikation auf dem nonverbalen Wege stattfinden. Gerade mal ein kläglicher Rest von einem Achtel soll auf verbaler Ebene transportiert werden. Diese Zahlen machen auch deutlich, wie verhängnisvoll eine unglückliche Körpersprache ist. Sie können sich nämlich noch so sehr ins Zeug legen, um Ihr Publikum verbal zu überzeugen.

Wenn Sie selbst nicht überzeugt sind, wird Ihre Körpersprache Sie im Handumdrehen Lügen strafen. Ein gern zitiertes Sprichwort lautet darum auch: „Dein Körper spricht so laut, dass ich Dich nicht verstehen kann“. Denn tatsächlich geben wir über unsere Körpersprache sehr viel mehr preis, als uns selbst bewusst und manchmal lieb ist.

Der am häufigsten zu beobachtende Fehler ist meines Erachtens der der verschränkten Arme und damit der einer offensichtlich geschlossenen Körperhaltung. Doch nicht immer muss es so eindeutig sein: Selbst wenn Sie einen Stift zwischen den Händen halten oder während Ihres Vortrags Ihre Notizkarten in beiden Händen halten, nehmen Sie schon keine offene Körperhaltung mehr ein. Auf Stehempfängen beobachtet man erstaunlich häufig, wie sich Gäste regelrecht krampfhaft mit beiden Händen am eigenen Sektglas festhalten.

Nun kommen wir schnell überein, dass ein Sektglas nicht so schwer zu halten wäre, dass man es nicht auch mit nur einer Hand schaffen könnte. Es geht also nicht darum, das Glas im Griff zu haben. Vielmehr wissen die meisten Menschen nicht, wohin mit den Händen. Aus Verlegenheit halten Sie sich darum mit Vorliebe an etwas fest: sei es der Kugelschreiber, die Fernbedienung eines Laptops oder eben ein Glas. Wer sich an etwas festhält, sucht Halt. Halt sucht jemand, der über eine – zumindest momentane – Unsicherheit verfügt.

Und hier schließt sich nun der Kreis: Gewöhnen Sie sich ab sofort an, eine offene Körperhaltung zu zeigen. Alles andere wird Ihnen viel zu schnell zum Nachteil ausgelegt. In meinen Vorträgen geben die Teilnehmer gern zu bedenken, dass ja nun nicht jedermann einen so strengen Blick habe wie ich. Die meisten Menschen seien doch nicht darin geschult, eine geschlossene Körperhaltung zu reflektieren und dementsprechend zu deuten. Sie gehen davon aus, dass der ungeschulte Beobachter die suboptimale Körpersprache nicht bewusst wahrnimmt. Da haben sie natürlich recht. Doch das bringt ein gravierendes Problem mit sich: Während der geschulte Beobachter weiß, welche Gründe für eine geschlossene Körperhaltung sprechen können und ihm bewusst ist, dass diese nicht zwingend der Unsicherheit entspringen muss, ist das dem ungeschulten Beobachter nicht klar. Der ungeschulte Beobachter ist für einen Redner, Vortragenden oder Gesprächspartner daher sehr viel gefährlicher. Er reflektiert seine Wahrnehmung nicht, sondern gewinnt unbewusst ein Gefühl – im positiven oder auch im negativen Sinne.

Eine geschlossene Körperhaltung weckt beim Gegenüber beispielsweise nur schwer Vertrauen und vermittelt im Handumdrehen ein ungutes Gefühl. Warum das so ist, ist schnell und im Prinzip auch einfach zu erklären; wieder einmal schlagen uns unsere Instinkte ein Schnippchen: Wenn wir in früheren (und blutrünstigeren) Zeiten einem Fremden begegneten, so war es für uns ein höchst verdächtiges Zeichen, wenn wir seine Hände nicht sehen konnten. Dies gab uns den Hinweis darauf, dass der andere Böses im Schilde führen könnte – möglicherweise hatte er etwas zu verbergen und hielt in seinen Händen eine Waffe versteckt. Wagen wir zum Vergleich einen Zeitsprung: Natürlich ist es wenig wahrscheinlich ist, dass ein Redner auf offener Bühne seine Hände nicht zeigen kann, weil er bewaffnet ist und das Publikum daher in Kürze Schlimmes befürchten muss. Nichtsdestotrotz können wir unsere Instinkte nicht ohne Weiteres überwinden und interpretieren die Nichtsichtbarkeit der Hände nach wie vor intuitiv als negatives Kriterium.

Verschränken Sie Ihre Arme vor dem Oberkörper, so sind Ihre Hände zwar noch ein klein wenig sichtbar – es reicht aber theoretisch immer noch dafür, eine kleine Waffe in der Handinnenfläche zu verbergen. In der Folge gewinnen wir unbewusst den Eindruck, dass der andere etwas zu verbergen hat bzw. sich nicht vollständig aufrichtig verhält. Das Tückische daran ist, dass wir, je unsicherer wir sind, umso stärker zu einer negativen und geschlossenen Haltung neigen und uns mit Vorliebe an uns selbst festhalten, um uns Halt zu geben. Insbesondere wenn wir eine Bühne betreten und vor Publikum sprechen sollen, zeigen wir körpersprachliche Elemente, die wir im alltäglichen Gespräch niemals zum Besten geben würden. Nur so ist es zu erklären, was manche Redner vor Publikum vorführen. Ich habe bereits Redner gesehen, die nur auf einem Bein standen und auch solche, die permanent Halbkreise mit den Schulen gezogen und dabei intensiv den Fußboden studiert haben.

Sehr beliebt ist auch die Körperhaltung, in der man sich mit beiden Händen krampfhaft an seinen Notizzetteln festhält. Da werden aus harmlosen DIN-A4-Papieren plötzlich Papierrollen gebastelt, ein Papierfalz so intensiv nachgezogen, dass das Papier wahrscheinlich demnächst auseinanderfällt oder Stifte in den Händen gehalten, die der Redner nie benutzt. Was im alltäglichen Gespräch niemandem auffallen würde, bekommt auf der Bühne plötzlich besondere Aufmerksamkeit geschenkt. Zuhörer haben schlicht und ergreifend nichts anderes zu tun, als den Redner mit all seinen Facetten zu studieren. Während man sich in einem persönlichen Gespräch intensiv auf die Inhalte konzentrieren muss, kann man bei einem Vortrag ganz unauffällig, dennoch intensiv und aus dem Verborgenen heraus alles von Kopf bis Fuß in Augenschein nehmen.

Das bedeutet: Sie sollten generell – und auf einem Podium erst recht – die Körperhaltung nicht dem Zufall überlassen. Achten Sie darauf, dass Sie stets – egal, auf welcher Bühne sie sich bewegen – signalisieren, dass Sie rein gar nichts zu verbergen haben. Am leichtesten können Sie das tun, indem Sie Ihre Hände sichtbar halten. Auch ist es ein Unterschied, ob Sie nur Ihren Handrücken sehen lassen, oder ob man sich davon überzeugen darf, dass Sie auch „reinen Gewissens" Ihre Handinnenflächen zeigen können. Übrigens: Das Winken als Grußformel hat seinen Ursprung darin, dass man dadurch bereits aus weiter Ferne signalisieren konnte, man sei in friedlicher Mission unterwegs und daher unbewaffnet. Zum Beweis wurden beim Winken die Handinnenflächen gezeigt.

Meiden Sie infolgedessen unbedingt die folgenden Gestiken:

- ***Verstauen Sie Ihre Hände niemals in der Hosentasche.*** Ich rate auch dringend davon ab, Geldbeutel, Schlüssel, Handy oder gar Visitenkarten in den Hosentaschen zu transportieren. Alles unterhalb der Gürtellinie gilt als negativer Bereich. Wenn Sie also Ihre Hände in den Hosentaschen verstecken, werden Sie sich selbst dabei möglicherweise wohlfühlen, weil Sie Ihre Hände endlich „untergebracht" haben – die Wirkung ist jedoch alles andere als positiv. In Vorträgen mögen da manchmal andere Gesetze gelten: Hin und wieder können Sie Redner beobachten, die eine Hand leicht in der Hosentasche verstauen und mit der anderen Hand ausladend gestikulieren. Zu dieser Gestik würde ich niemals einem ungeübten Redner raten. Dieser läuft Gefahr, seine eine Hand überhaupt gar nicht mehr aus der Hosentasche herauszuholen. Schlimmstenfalls verstaut er auch noch die andere Hand in der anderen Hosentasche und nimmt sich dadurch jegliche Gestik. Er erzeugt ein passives Bild, das die Zuhörer wohl kaum vom Hocker reißen wird. Der geübte Redner dagegen kann diese Geste bewusst einsetzen: Indem er eine Hand in der Hosentasche hat und mit der anderen Hand groß gestikuliert, wirkt er nicht selten besonders souverän und eloquent. Es ist kein Zufall, dass er zeitgleich seine Handinnenfläche zeigt, während die andere Hand unsichtbar bleibt. Die Hände gleichen sich gegenseitig aus und erzeugen zusammen einen ruhigen aber dennoch dynamischen Charakter.

- ***Hände weg vom eigenen Kinn.*** Der Bildhauer Auguste Rodin prägte mit seiner Skulptur „Der Denker“ die sogenannte Denkerpose: Ein Mann kauert auf einem Schemel und stützt sein Haupt auf eine Hand. Diese Haltung signalisiert: Achtung, innigste Geistesarbeit! Das bedeutet jedoch auch, dass jemand mit seinen Gedanken derart beschäftigt ist, dass er sich keinesfalls etwas Neuem widmen kann. Diese Haltung kann also sehr angemessen sein, wenn Sie jemandem aufmerksam zuhören und selbst Publikum sind. Sie signalisieren dadurch, dass es für Sie in diesem Moment nichts Wichtigeres gibt als den Sprechenden Ihnen gegenüber. Es bedeutet jedoch auch, dass diese Haltung gänzlich unbrauchbar ist, wenn Sie selbst unterhalten sollen oder darauf warten, dass jemand das Gespräch mit Ihnen sucht. Generell wirkt flüchtige Gestik im Gesicht (beispielsweise an die Nase fassen) schnell unsicher. Vermeiden Sie diese, wo immer es geht.
- ***Hände nicht hinter dem Rücken verstecken.*** Oft unterliegen wir der Fehleinschätzung, dass wir eine sehr offene Körperhaltung einnehmen würden, wenn wir die Hände hinter dem Rücken halten. In gewisser Weise ist das nachvollziehbar. Wenn die verschränkten Arme vor dem Oberkörper eine geschlossene Haltung signalisieren, müsste das genaue Gegenteil doch eine offene Pose bedeuten. Leider nein. In dieser Haltung kann man Ihre Hände nicht sehen, in der Folge drängt sich das Gefühl auf, dass Sie nicht mit offenen Karten spielen. Auch zeugt diese Haltung von Passivität – wir kennen

sie beispielsweise von Oberkellnern in einem Restaurant, die darauf warten, dass der Gast einen Wunsch äußert.

Wenn wir jetzt einmal Revue passieren lassen, wie viel Sie mit Ihrer Gestik verkehrt machen können, so wird offensichtlich, dass nicht besonders viele Alternativen übrig bleiben. Zuallererst müssen Sie Ihre Hände stets vor dem Oberkörper sichtbar halten. Am besten, Sie nehmen sich ein Beispiel an zahlreichen Fernsehmoderatoren, die die eine Hand nach oben geöffnet halten (Handinnenfläche sichtbar) und mit der anderen Hand die Fingerspitzen der geöffneten Hand berühren. In gewisser Weise stellt das zwar durch das Berühren der beiden Hände auch eine tendenziell geschlossene Haltung dar. Sie ist jedoch vollkommen akzeptabel, solange Sie nicht damit beginnen, sich eher unentspannt und regelrecht krampfhaft mit der einen Hand an der anderen Hand festzuhalten.

Lassen Sie mich aus Erfahrung und mit einem leicht ironischen Unterton hinzufügen: Wenn man das Weiße Ihrer Knöchel sehen kann, wirken Sie in dieser Haltung nicht mehr entspannt und sind es aller Wahrscheinlichkeit nach auch nicht. Halten Sie die Hände unbedingt locker und halten Sie sich nicht an sich selbst fest. Ich weiß, dass es im ersten Moment immer sehr schwierig ist, gewohnte Muster zu überschreiben. Schließlich haben Sie sich jahrelang an etwas angewöhnt, dass Sie sich nun abtrainieren sollen. Es ist vollkommen logisch, dass sich diese neuen körperlichen Sprachzeichen nicht sofort angenehm, natürlich oder gar vertraut anfühlen. Nichtsdestotrotz gibt es hierzu keine Alternative.

Und gerade weil Sie dazu neigen, sich in den wichtigen Momenten körpersprachlich zu verraten, sollten Sie eine positive Körperhaltung trainieren, wenn nicht im selben Moment alles auf dem Spiel steht. Gerade die einfachen und alltäglichen

Situationen sind es, in denen wir uns mit dem Ungewohnten vertraut machen können. Häufig erwarten wir, dass wir aufgrund des seltsamen Gefühls auch seltsam aussehen müssten. Wenn Ihnen Ihre neue Haltung ein ungutes Gefühl vermittelt, so überzeugen Sie sich vor einen Spiegel davon, wie positiv Sie damit wirken und wie selbstverständlich das Ganze aussieht.

Wenn Sie bei einem Auftritt Moderationskarten verwenden, so achten Sie darauf, dass Ihnen Ihre Hilfsmittel keinen Strich durch die Rechnung machen. Halten Sie sich nicht – oder nur sehr selten – an Ihren Karten mit beiden Händen fest. Es reicht vollkommen aus, wenn Sie die Karten in einer Hand halten, um mit der anderen Hand inhaltlich unterstützende Gestik einsetzen zu können. Diese Haltung ist von nun an Ihre Ausgangsposition, aus der heraus Sie zu unterstützender Gestik ansetzen können. Dehnen Sie dann die jeweilige Geste so lange aus, dass zeitgleich mit dem Höhepunkt Ihrer Bewegung der Höhepunkt Ihrer Argumentation einhergeht.

Wer nicht lächeln kann, sollte keinen Laden aufmachen ...

... lautet ein chinesisches Sprichwort. Man könnte auch sagen: Wer nicht lächeln kann, sollte besser keine Bühne betreten. Manche Redner vermitteln dem Publikum den Eindruck, dass es ihnen eine regelrechte Qual sei, da vorne zu stehen und so wird das nicht nur für den Redner eine Qual, sondern auch für sein Publikum. Wer dagegen mit einem strahlenden Lächeln auftritt, wirkt sofort sympathisch, freundlich und vor allen Dingen selbstsicher. Sehr häufig gehen wir davon aus, dass ein nicht lächelnder Mensch unfreundlich sei. Das mag hin und wieder zutreffend sein. Sehr viel öfter ist ein fehlendes Lächeln jedoch ein Hinweis darauf, dass dieser Mensch unsicher oder gar unbeholfen ist. Das bedeutet auch, dass das Allererste, was einem nervenflatternden Redner abhanden kommt, sein Lächeln ist. In der Folge wird er von seinem Publikum allzu schnell als unsympathisch oder gar unfreundlich disqualifiziert.

Selbstverständlich kann man nicht in jeder Lebenslage über das ganze Gesicht strahlen. Stets ist der Inhalt der Ansprache zu berücksichtigen. In den meisten Präsentationen und Vorträgen wird jedoch am freundlichen Gesichtsausdruck gespart, was das Zeug hält. Komischerweise geht damit sogar die Einschätzung einher, dass diese kühle Distanziertheit sehr professionell sei. Das Gegenteil ist der Fall. Nur wer selbstbewusst vorne steht und sich seiner Sache sicher ist, dem kommt ein Lächeln über die Lippen. Wer nicht lächelt, gibt – manchmal auch nur aus Versehen – einen Hinweis darauf, dass es um seinen Gemütszustand nicht besonders gut bestellt ist. Interessanterweise geben die meisten Redner zu Protokoll, dass es sie sehr beruhigt, wenn sie aus dem Publikum positive Signale empfangen – so zum Beispiel ein Lächeln. Ein Sprichwort lautet: wie man in den Wald hineinruft, so schallt es heraus. Eine freundliche und wohlgesonnene Reaktion haben Sie immer erst dann zu erwarten, wenn Sie mit derselben in Vorleistung gegangen sind.

Ein Blick sagt mehr als tausend Worte

Schon klar, es kann einem ganz schön Angst machen, wenn man einen Blick ins Publikum wirft und sich im Handumdrehen ziemlich alleine und verloren auf einer großen Bühne fühlt. Genau dieser Augenblick ist es, der den meisten Auftretenden den Schweiß auf die Stirn treibt. Wenn sie erst einmal mit ihrer Ansprache begonnen haben, fließt so viel Konzentration in ihre Worte, dass sie sich zum Glück mit dem anfänglichen Schreck nicht weiter beschäftigen können. Auch, wenn es Ihnen schwerfällt: Ihr Publikum möchte von Anfang an Kontakt mit Ihnen aufnehmen. Und da man sich nun mal nicht direkt miteinander unterhalten kann, bleibt als einzige Möglichkeit die des Blickkontakts.

Ich empfehle jedem Redner, nicht „plötzlich" auf der Bühne zu erscheinen, sondern sich stets bereits im Vorfeld Verbündete zu suchen. So zum Beispiel, indem Sie sich bereits im Vorfeld Ihres Redebeitrags mit einzelnen Personen aus dem Publikum unterhalten und ein Small-Talk-Gespräch führen. Überlegen Sie sich, was ein Publikum von Ihnen erwartet: Selbstverständlich geht man davon aus, dass jemand, der gleich „vorne" stehen wird, über genügend Selbstsicherheit verfügt, um aktiv auf andere zuzugehen. Einem Redner wird jederzeit Führungsanspruch zugebilligt. Das bedeutet jedoch auch, dass man als Redner nicht darauf warten sollte, vom Publikum bzw. von einzelnen Personen aus dem Publikum im Vorfeld des Redebeitrags angesprochen zu werden. Für gewöhnlich traut sich das niemand zu. Man weiß nicht, ob eine Ansprache dem Referenten überhaupt recht ist oder ob man ihn nicht vielleicht bloß stören würde.

Überlegen Sie sich doch selbst einmal, wie Sie reagieren, wenn Sie in einem Restaurant speisen und unerwarteterweise eine prominente Person in Ihrer Nähe Platz nimmt. In den meisten Fällen werden diese Promis nicht angesprochen – aber selbstverständlich ununterbrochen beobachtet. Ganz ähnlich verhält es sich, wenn das Publikum auf den Beginn einer Veranstaltung wartet. Redner werden dann auf Schritt und Tritt mit Blicken verfolgt – mehr als ein Grüßen per Kopfnicken ist jedoch nicht drin. Häufig haben Zuhörer sogar Schwierigkeiten damit, wenn der Redner in diesem Stadium zu ihnen Blickkontakt sucht. Der Redner wird als eine Art Prominenter empfunden, mit dem man sich nicht ohne Weiteres auf Augenhöhe bewegen kann. Genau darum wird Sie auch kaum jemand direkt ansprechen. Das müssen Sie schon selbst in die Hand nehmen. Am besten, Sie platzieren sich in der Nähe des Eingangs und achten darauf, dass Sie zu jedem Eintretenden den Blickkontakt suchen, verbal grüßen und ihn willkommen heißen. Handelt es sich um eine größere Gruppe, ist ein Handschlag sicher nicht erforderlich. Ein Handschlag würde stets implizieren, dass auch ein Begrüßungs- und Vorstellungsritual stattfinden müsste. Und das wäre wohl wirklich ein bisschen zu viel erwartet. Laden Sie einzelne Personen aktiv und mit einem Lächeln ein, in der ersten Reihe Platz nehmen. Beruhigen Sie sie mit den Worten, dass es in der ersten Reihe garantiert ungefährlich sei. Die meisten Zuhörer haben große Angst davor, dass sie in der ersten Reihe dafür prädestiniert sind, an Übungen und Vorführungen teilzunehmen.

Wenn wir uns jetzt in Erinnerung rufen, wie viel Furcht Menschen davor haben, vor anderen aufzutreten, wird schnell klar, dass das für die meisten von ihnen ein regelrechter Albtraum wäre. Indem Sie die Ungefährlichkeit aktiv versichern und gezielt ansprechen, nehmen Sie ihnen diese Furcht. Natürlich müssen Sie sich in der Folge dann auch an Ihre Versicherungen halten. Ich persönlich „schütze" mein Publikum in der ersten Reihe sogar bei einer eher harmlosen Vorstellungsrunde.

Ist der Teilnehmerkreis größer als 20 Personen, lasse ich die Teilnehmer zu Beginn einer Veranstaltung zu Wort kommen und bitte sie um eine Selbstvorstellung. Gern verknüpfe ich das mit einem kleinen Scherz (die erste Reihe bibbert zu diesem Zeitpunkt nämlich schon und zweifelt an der tatsächlichen Ungefährlichkeit) und sage, dass ich mich an meine Worte halten möchte und darum mit der Selbstvorstellung in der letzten Reihe (!) beginnen möchte. Das wiederum sorgt regelmäßig für einige

Erheiterung und, weil diese Ankündigung so plötzlich kam, hat die letzte Reihe jetzt fast keine Zeit mehr, aufgeregt zu werden. Bevor sie nervös werden könnte, muss sie nämlich schon die ersten Worte sprechen.

Haben Sie sich nun im Vorfeld der Veranstaltung durch Small Talk und im Idealfall den einen oder anderen kleinen Scherz Verbündete im Publikum gesucht, so fällt es Ihnen bei Ihrem Auftritt deutlich leichter, Blickkontakt zu halten. Suchen Sie aktiv den Augenkontakt zu den Personen, mit denen Sie zuvor bereits gesprochen haben. Das gibt Ihnen enorme Sicherheit und den Personen das Gefühl, etwas Besonderes zu sein.

Die meisten Redner neigen dazu, einen Teil des Publikums zu vernachlässigen: Der eine fokussiert sich auf die erste Reihe, der andere erzeugt den Eindruck, dass er seine Worte in allererster Linie an die Personen links in der Mitte oder rechts am Rand richten würde. Weder das eine noch das andere ist überzeugend. Jeder Teilnehmer hat das Bedürfnis, von dem Redner beachtet zu werden. Beachtung erfährt er durch einen wertigen Blickkontakt. Das bedeutet, es geht nicht nur darum, jemanden schnell mit Blicken zu streifen, sondern darum, mit seinem Augenkontakt durchaus zwei bis drei Sekunden zu verweilen. Erst dann hat der Zuhörer das Gefühl, dass der Sprechende ihn tatsächlich wahrgenommen hat und er nicht in der Masse untergeht.

Besondere Vorsicht gilt bei Gesprächen. In Gesprächen gibt es nichts Wichtigeres als die Person, die Ihnen exakt in diesem Moment gegenübersteht und sich mit Ihnen unterhält. Derjenige, der spricht, kann den Blickkontakt nicht permanent aufrechterhalten. Sein Blick wandert im Raum umher: Er sucht nach dem passenden Wort oder versucht, sich an etwas Bestimmtes zu erinnern, um es Ihnen im Anschluss schildern zu können. Sind Sie in einer zuhörenden Position, so müssen Sie permanent den Blickkontakt zum Sprechenden halten. Lassen Sie den Blickkontakt abreißen, weil Sie zum Beispiel mal eben einen Blick zu Tür werfen wollen und einen Eintretenden mit einem Kopfnicken grüßen möchten, so entsteht beim Erzählenden unmittelbar der Eindruck, dass Sie nicht voll bei der Sache wären. Und das stimmt in diesen Fällen meistens auch. Das wiederum hat sofort negativen Einfluss auf das Gespräch.

Das bedeutet: Sind Sie Zuhörer, müssen Sie den Blickkontakt permanent aufrechterhalten und dürfen keinerlei Seitenblicke riskieren. Sind Sie Sprechender, so wandert Ihr Blick natürlicherweise im Raum umher – Sie suchen nach passenden Formulierungen und dem treffenden Wort. Wird Ihnen der Blickkontakt zu intensiv, so konzentrieren Sie sich auf ein Auge oder die Nasenwurzel Ihres Gesprächspartners. Der kleine Unterschied wird dem anderen nicht auffallen und Ihnen selbst angenehm sein.

Viel Raum, viel Macht

Körpersprache kann verräterisch sein. Nicht selten wird Unsicherheit oder auch gar Großspurigkeit durch die Art und Weise, wie viel Raum man für sich in Anspruch nimmt, ausgestrahlt. Dazu eine Anekdote: Vor einiger Zeit betreute ich einen Klienten, der für eine Krankenkasse arbeitet. Sein Job war es, in Sportgeschäften einen kleinen Stand aufzubauen und von dort aus die Kunden des Geschäfts anzusprechen und zu fragen, ob sie die Fitness ihres Rückens bei ihm testen wollten.

Sollte sich im Wege des Fitnesstests herausstellen, dass der Rücken des Interessenten nicht ganz so fit war, so erklärte man ihm, dass bei dieser Krankenkasse die Mitgliedschaft in einem Fitnessstudio kostenfrei sei bzw. übernommen werde. Es schloss sich die Frage an, ob der Interessent bereit wäre, die Pferde oder besser gesagt die Krankenkasse zu wechseln.

Der Klient war ein geborener Verkäufer. Es gelang ihm im Handumdrehen Sympathien zu wecken und Gespräche in Gang zu setzen. In der Folge war er sehr viel erfolgreicher als seine Kollegen und heimste deutlich mehr Unterschriften ein als alle anderen.

Irgendwann beschwor sein Erfolg ein Problem herauf: Da der Klient wusste, dass er sehr erfolgreich ist, fing er an, unbewusst überheblich zu werden. Irgendwann sah er seinen Gesprächspartner vor sich und war sich ohnehin sicher, dass er diesen in der Tasche hätte. Infolgedessen trat er großspurig auf und zeigte das, indem er sehr viel Raum für sich in Anspruch nahm. So unterhielt er sich mit einem Kunden und neigte zu einer großen Gestik, die dem anderen sehr nahe kam und ihm Raum wegnahm. Dieser kleine Unterschied zog eine große Wirkung nach sich.

Plötzlich hatten die Interessenten keine Zeit mehr, mussten ihre Frau an der Kasse abholen oder sich weiteren Einkäufen widmen. Sie allesamt hatten es sehr eilig, von dem Klienten wegzukommen. Natürlich ist den meisten Gesprächspartnern nicht aufgefallen, warum sie sich plötzlich unwohl fühlten. Sie haben vielmehr unbewusst ein negatives Gefühl gewonnen und es war nur natürlich, dass sie diesem so schnell wie möglich entkommen wollten.

Das Problem lag darin, dass der Klient seinen Gesprächspartnern körpersprachlich zu nahe getreten ist. Indem er für sich selbst sehr viel Raum in Anspruch nahm, nahm er den anderen Raum weg. Wer viel Raum für sich in Anspruch nimmt, wirkt dominant und so wundert es nicht, dass die These lautet: „Wer viel Raum für sich in Anspruch nimmt, nimmt viel Macht für sich in Anspruch“. Selbstverständlich war es den Gesprächspartnern unangenehm, sich nicht auf Augenhöhe unterhalten zu können. Und erst recht hatten sie kein Interesse daran, diesem überheblichen Menschen eine Versicherung abzukaufen.

Als wir die Körpersprache des Klienten wieder auf ein normales Maß zurückschraubten, kehrten auch die alten Erfolge zurück. Generell sind Distanzzonen kulturell geprägt. Je weiter nördlich wir kommen, umso größer ist das Distanzbedürfnis ausgeprägt. Je weiter südlich, umso geringer der Wunsch nach Distanz zum Gegenüber. In Deutschland gehen wir davon aus, dass der optimale Abstand zum Gesprächspartner etwa einen Meter beträgt. Wenn Sie nun zu großer Gestik neigen, kommen Sie Ihrem Gesprächspartner umso näher und nehmen ihm logischerweise Raum ab. Wer dem anderen Raum abnimmt, signalisiert dadurch, dass er Macht für sich in Anspruch nimmt, und zeigt Dominanz. Ein Gespräch auf Augenhöhe wird dann sehr schwer. Respektieren Sie besser den Wunsch nach der Berücksichtigung der Distanzzone von einem Meter in Gesprächen.

Bei Reden und Vorträgen gilt folgende Besonderheit: Stehen Sie vor Publikum und befinden Sie sich dabei nicht auf einer Bühne, sondern auf gleicher Höhe mit den Zuhörern, so haben die Zuhörer in der ersten Reihe noch mehr Bedürfnis nach Distanz. Wenn die Zuhörer sitzen und der Redner steht, müssen sie automatisch zu ihm aufschauen. Das ist, als würde man im Kino in der ersten Reihe sitzen. Je näher der Redner einem tritt, umso erhöhter erscheint er. Achten Sie dementsprechend darauf, dass Sie mehrere Meter Abstand zum Publikum wahren. Das muss und sollte keineswegs bedeuten, dass Sie auf Ihrem Podium mit dem Rücken zur Wand stehen. Vielmehr sollten Sie sich nach Möglichkeit mittig positionieren – aber eben ohne den anderen auf die Füße zu treten.

Sie sind Mensch, nicht Automat

Die Gesten eines Menschen sind etwas sehr Persönliches und Individuelles. Regelmäßig beobachte ich die Gefahr, dass ungeübte Redner ihre Gestik automatisieren wollen. Nach gefühlten zehn Sekunden zeigen sie urplötzlich eine offene Körperhaltung, indem sie die Arme ausbreiten, um sie danach schnell wieder vor dem Körper zusammenzunehmen. Diese Gestik wirkt ruppig und passt schlicht und ergreifend nicht zum Inhalt des Gesagten. Das bedeutet dann leider auch, dass sie damit niemanden überzeugen. Wir stehen wieder vor dem Problem, dass Worte und Taten nicht zueinanderpassen. Eine authentische Gestik zeigt sich regelmäßig erst dann, wenn Sie mit Ihrer Ansprache bereits einige Übungsdurchläufe absolviert haben. Erst wenn die Worte aus Ihrem Herzen kommen und Ihnen vertraut sind, können Sie Ihrer Gestik freien und überzeugenden Lauf lassen.

Seien Sie enthusiastisch und aufrichtig – und Ihre Gesten werden Sie wie von alleine finden. Ihr Publikum liebt die Abwechslung – also geben Sie sie ihm. Unterstützende Geste kann ein Aufzählen nach dem Motto „erstens, zweitens, drittens …" sein oder Sie zeigen mit der Hand auf sich, wenn Sie über sich selbst sprechen bzw. mit der Hand (nicht mit dem Zeigefinger!) auf Ihr Publikum, wenn Sie es zur gleichen Zeit direkt ansprechen. Denken Sie an das, was Sie sagen wollen und Ihre Gestik wird sich aus diesem Fluss Ihrer Rede entwickeln. Achten Sie aber gerade in den Anfängen darauf, dass Körpersprache Sie nicht versehentlich verrät – es ist legitim, aufgeregt und manchmal auch unsicher zu sein; man muss den inneren Gemütszustand seinem Publikum jedoch nicht unbedingt auf die Nase binden.

Ihre ganz persönlichen Gesten können Sie jedoch aus keinem Buch der Welt lernen. Sie müssen diese selber finden. Überstürzen wir es damit jedoch nicht: Das wird Ihnen in der Gänze erst dann möglich sein, wenn Sie sich intensiv mit Ihrem Auftreten, Ihrer Wirkung und natürlich mit dem Inhalt Ihrer Ansprache befasst haben. Teilnehmer in Seminaren sind manchmal ganz enttäuscht, dass sie nicht nach wenigen Stunden den Seminarraum verlassen können und über den Tag hinweg zu einem faszinierenden und mitreißenden Redner geworden sind. Natürlich haben sie nun das Handwerkszeug gelernt. Jetzt wird sich aber die Spreu vom Weizen trennen.

Viele Menschen wissen, wie etwas in der Theorie geht, und schaffen es trotzdem nicht, genügend Disziplin und Ausdauer aufzuwenden, um die Theorie in die Praxis umzusetzen. Jeder von uns kann ein toller Redner sein, aber nicht jeder ist es. Gerade wenn Dinge nicht leicht sind, bieten sie die Chance, sich umso besser von anderen abheben zu können. Um eine tolle Rede halten zu können, braucht es nämlich hauptsächlich Zeit. Zeit, in der Sie üben, üben und nochmals üben. Ein einziger Durchlauf auf dem Trockenen wird nicht ausreichen, um eine Ansprache zu perfektionieren. Vielmehr sollten Sie mindestens zehn Durchläufe einkalkulieren, bis Sie tatsächlich eine Bühne betreten sollten.

Kleider machen Leute und Karrieren

In einer Umfrage bat man Menschen, zu erzählen, welche Bedeutung für sie der Kleidung und dem äußeren Erscheinungsbild zukommt. Interessanterweise gaben die Befragten zu Protokoll, dass sie sich umso wohler und respektabler fühlten, je besser sie gekleidet waren. Und tatsächlich: Unsere Kleidung signalisiert die Zugehörigkeit zu einer bestimmten Gruppe. Wenn wir im ersten Eindruck innerhalb kürzester Zeit zu wissen glauben, wer da vor uns steht, so urteilen wir nach dem äußeren Erscheinungsbild, und damit auch nach der Kleidung. Menschen, die

„gut“ gekleidet sind, verspüren in diesem Aufzug mehr Selbstvertrauen und eine größere Selbstachtung. Man weiß, dass es einem leichter fällt, an Erfolg zu glauben und Erfolge zu erzielen, wenn man auch dementsprechend gekleidet ist. Wir wirken durch unsere Kleidung also nicht nur auf andere, sondern auch auf uns selbst.

Ein Redner, der nachlässig gekleidet ist, bringt sich selbst und dem Publikum wenig Achtung entgegen. Und noch mehr: Repräsentiert er in einer Ansprache gar nicht nur sich selbst, sondern damit verbunden auch eine Gruppe (zum Beispiel ein Unternehmen) so strahlt sein nachlässiger Auftritt auch auf seinen Arbeitgeber aus. Ein unsorgsam gekleideter Mitarbeiter legt den Verdacht nahe, dass man es womöglich nirgends in dem Unternehmen so genau nimmt. Das wiederum bedeutet auch, dass ein tadelloses Erscheinungsbild die beste Voraussetzung für die eigene Karriere ist. Ein Unternehmen schickt nämlich stets nur denjenigen nach vorne, von dem es sich optimal vertreten fühlt. Und wer das ist, zeigt sich dann eben schon auf den ersten Blick. Wer dann wiederum vorne stehen darf, wird sichtbar und kommt den entscheidenden Personen (oder anders gesagt: seinen Förderern) umso öfter unter die Augen. Wer vorne steht, kann sich öfter in Szene setzen und der Karriere damit einen entscheidenden Schub verleihen.

Farben, die wirken

Generell gilt: Dunkle gedeckte Farben der Kleidung wirken seriöser, kompetenter und auch dominanter als helle Farbtöne. Daher lautet die Devise: Je höher die Position innerhalb einer Hierarchie angesiedelt ist, umso dunkler hat die Farbe der Kleidung zu sein. Das bedeutet auch, dass Sie – sofern Sie für sich einen Führungsanspruch anmelden möchten (und das tun Sie ganz automatisch, sobald Sie auf einem Podium stehen) – sich mit dunklen Farben einen größeren Gefallen tun als mit einem Auftritt in hellen Tönen. Helle Töne wirken freundlich, jedoch nicht unbedingt durchsetzungsstark. Sie signalisieren nicht automatisch, dass man dem Sprecher Folge leisten sollte. Mit Farben, die Sie tragen, beeinflussen Sie nicht nur die Psyche, sondern auch Ihr Gegenüber. Anbei ein kleiner Überblick über die häufigsten Farben der Kleidung und deren Wirkung:

- ***Rot*** fällt auf. Wer Autorität wahren und nicht provozieren will, trägt diese Farbe nur als Beiwerk. Für Damen geeignet als Oberteil (Farbtupfer) unter einem dunklen Blazer. Für Herren als Krawattenfarbe denkbar. Rot wirkt selbstbewusst, optimistisch, bestimmt und aufregend. Je nach Farbnuance kann Rot aber auch aggressiv, herrschsüchtig und provozierend sein. Rot mahnt zur Vorsicht: beispielsweise das Stoppschild und die rote Ampel im Straßenverkehr. In Unternehmensberatungen wird von den Mitarbeitern hin und wieder erwartet auf Rot zu verzichten, um beim Kunden keine „aggressiven" Assoziationen zu wecken.
- ***Rosa*** ist eine feminine Farbe und lockert auf. Rosa wirkt auf der einen Seite sanft, frisch, zugänglich und unbeschwert. Auf der anderen Seite ist Rosa eine typische Farbe für Kinder. Daher gilt dieser Farbton auch als wenig selbstbewusst und verletzlich. Achten Sie darauf, Rosa nicht im Übermaß zu tragen, sondern ausschließlich in Kombination – beispielsweise als Hemd oder Bluse zum dunklen Anzug.
- ***Blau*** vermittelt Kompetenz und Vertrauenswürdigkeit. Ein marineblauer Anzug drückt Autorität aus und lässt seinen Träger seriös, loyal, vertrauenswürdig, versiert, unaufdringlich und diplomatisch erscheinen. Dunkles Blau ist die ideale

Bekleidungsfarbe für alle Momente, in denen es um Vertrauen geht. Nicht von ungefähr ist die Berufskleidung von Piloten, Flugbegleitern, Marine-Soldaten, Bankern, Handwerkern und neuerdings sogar von der Polizei dunkelblau. All diese Berufsgruppen haben gemein, dass man ihnen besonderes Vertrauen entgegenbringen: Sei es, weil man sich bedenkenlos in das von ihnen gesteuerte Flugzeug setzt oder ihnen die eigenen Finanzen anvertraut. Auch wenn Sie kein Pilot sind, ist Dunkelblau die ideale Farbe für einen guten ersten Auftritt und Eindruck. Ausnahmen bestätigen die Regel: Da insbesondere Dunkelblau einen konservativen Touch hat, ist diese Farbe in kreativen Branchen selten anzutreffen.

- ***Grau*** gilt als traditionelle Business-Farbe. Mit einem grauen Anzug wirken Sie seriös, ausgewogen, geradlinig, unaufdringlich, neutral und machen garantiert nichts falsch. Damit dieser Business-Dress Sie nicht zur grauen Maus werden lässt, setzen Sie am besten kombinierte Akzente mit aussagekräftigeren Farben wie Rosa, Rot oder Hellblau. Das wirkt frisch und lebendig.
- ***Schwarz*** ist genau genommen gar keine Farbe und schafft manchmal ungewollt Distanz. Denn je höher die berufliche Hierarchie, umso dunkler ist die Farbe der Kleidung. Und dunkler als Schwarz geht bekanntermaßen nicht. Darüber hinaus kennen wir Schwarz als eine Farbe der Trauer: So war es in früheren Zeiten üblich, längere Zeit nach einem Todesfall noch Schwarz zu tragen, um die eigene Trauer um den Verlust eines nahestehenden Menschen nach außen zu demonstrieren. Man bat dadurch um Rücksichtnahme und Distanz. Doch nicht nur bei traurigen Anlässen ist Schwarz der typische Dresscode. Auch bei festlichen Ereignissen ist Schwarz eine beliebte „Farbe“: Auf Hochzeiten trägt der

Bräutigam und die männlichen Hochzeitsgäste Schwarz, auf Opernpremieren oder Galaveranstaltungen verbreitet das kleine Schwarze Eleganz. Die Farbe Schwarz gilt als feierlich, stark, würdevoll, distanziert sowie (ausschließlich getragen) als auflehnend und rebellisch. Kleiden Sie sich bei Ihrem Auftritt schwarz, sind frische Akzente durch lebendige Farbkombinationen empfehlenswert – sonst wirkt der Dresscode zu düster und womöglich sogar destruktiv.

- ***Braun*** – ja oder nein? An dieser Frage scheiden sich die Geister. Ursprünglich galt Braun als Freizeitfarbe (man kannte sie vorwiegend von Cordhosen und Tweedjacketts) und daher als wenig tauglich. Doch die Mode hat dem Dunkelbraun den Weg bis in die Vorstandsetagen geebnet. Heutzutage findet sich dunkles Braun als Business-Farbe fast überall und man sagt ihm eine gesellige, kommunikative und freundliche Wirkung nach. Dennoch ist Dunkelbraun keine gute Wahl für wichtige Auftritte, weil die Wirkung tendenziell harmlos und schwerfällig ist. Am Abend gilt übrigens die Devise: No brown after six! Das bedeutet, dass Sie keine dunkelbraunen Schuhe und keine dunkelbraune Kleidung zu Abendveranstaltungen anziehen sollten.
- ***Weiß*** ist genau genommen ebenfalls keine Farbe, ist jedoch klassischer Kombinationspartner von Anzügen und Kostümen. Weiß wirkt rein, klar, seriös, frisch und sogar ein bisschen futuristisch. Ein komplett weißer Anzug oder ein durchgehend weißes Kostüm ist jedoch nicht mal an Hochsommertagen im Büro empfehlenswert – von Kopf bis Fuß in Weiß kleiden sich nur bestimmte Berufsgruppen wie Ärzte oder Krankenschwestern. Achten Sie bei Weiß immer auf blickdichte Stoffe und farbige Akzente: Edel wirkt insbesondere die Kombination mit dunklem Beige.

- ***Beige*** ist der elegante Klassiker. Beige wirkt souverän, smart, edel und ist Sommer wie Winter tragbar. Bei Abendveranstaltungen sollten Sie allerdings dunklere Kleidung bevorzugen, da diese eleganter wirkt. Ab einer bestimmten Hierarchiestufe kommen dann ohnehin nur noch dunkle, gedeckte Farbtöne infrage.
- ***Lila/Violett*** signalisiert Selbstsicherheit und auch Würde (vgl. kirchliche Würdenträger). Auch gilt Violett als die Farbe der Emanzipation. Diese Farbe nur dezent einsetzen.
- ***Orange*** ist eine Farbe, die für Vitalität, Lebensfreude und Selbstvertrauen steht. Keinesfalls geeignet für Businesshemden, Blusen oder gar Anzüge. Allenfalls als Farbtupfer, zum Beispiel auf einer Krawatte, denkbar.
- ***Gelb*** ist fröhlich, hoffnungsfroh, offen und eine positive Farbe. Allerdings nur als Farbakzent denkbar, mehr nicht.
- ***Grün*** gilt als harmonische, erdverbundene Farbe und signalisiert Ausgeglichenheit. Im Business kommt Grün allerdings nur als Farbtupfer und keinesfalls als Anzug-, Kostüm-, Hemd- oder Blusenfarbe infrage.

Nun noch einige Worte zu den Krawattenmustern. Nicht von ungefähr kommt die Aussage, dass man mit einem Hemd Stil und mit einer Krawatte Persönlichkeit beweisen kann. Daher sei an dieser Stelle ausdrücklich erwähnt: Comicfiguren, Tierbilder und ähnlich Plakatives haben auf einer Krawatte nichts zu suchen! Halten Sie sich an die Devise, dass zu einem klein gemusterten Hemd eine Krawatte mit großem Muster gut harmoniert bzw. zum groß gemusterten Hemd eine Krawatte mit kleinem Muster. Uni farbene Krawatten gehen natürlich immer.

Darüber hinaus gilt nach wie vor die Lebensweisheit: Weniger ist mehr. Tragen Sie nicht mehr als neun Dinge sichtbar, wobei

„Paare“ als eine Sache zählen. Sie müssen also nicht den rechten und linken Schuh addieren, sondern berücksichtigen „nur“ ein Paar Schuhe. Anderenfalls würden Sie es vermutlich nicht schaffen, ganz angekleidet das Haus zu verlassen und das wäre natürlich nicht im Sinne des Erfinders! Um deutlich zu machen, wie die Aufzählung der maximal neun Dinge funktioniert, anbei ein Beispiel:

1. ein Paar Schuhe,
2. ein Paar Strümpfe,
3. eine Hose,
4. ein Gürtel,
5. eine Bluse/ein Hemd,
6. ein Blazer,
7. ein Ring,
8. eine Uhr,
9. eine Brille.

Kleidungsstücke, die nicht sichtbar sind, wie beispielsweise Unterwäsche, müssen genauso wenig mitgezählt werden wie ein Mantel, der ja an der Garderobe abgegeben wird. Um maximale Wirkung zu erzielen und um das Gegenüber nicht durch „zu viel“ zu verwirren, sollten Sie maximal drei Farben und zwei Muster miteinander kombinieren. Zum Beispiel: Ein schwarz-weißer Nadelstreifenanzug (1. Farbe: Schwarz / 2. Farbe: Weiß / 1. Muster: gestreift) und eine pastellblaues Hemd (3. Farbe: hellblau) sind nach dieser Stilregel denkbar. Schwierig wird es allerdings, wenn noch eine Krawatte kombiniert werden muss: Dann kann nur noch mit Farbwiederholungen gearbeitet werden, weil ansonsten eine vierte Farbe hinzukommen würde …

Zeigen Sie sich zugeknöpft!

Sobald Sie vor Publikum stehen, müssen Sie Ihr Sakko oder Ihren Blazer schließen. Das gilt im Übrigen sowieso immer dann, wenn Sie nicht sitzen und es sollen sich mit dieser Regel sowohl das weibliche als auch das männliche Geschlecht angesprochen fühlen. Explizit sind folgende „Knopfregeln" zu berücksichtigen:

- ***Blazer mit zwei Knöpfen:*** Wahlweise wird der obere oder der untere Knopf geschlossen.
- ***Blazer mit drei Knöpfen:*** Entweder Sie schließen nur den mittleren Knopf (traditionelle Variante) oder die beiden oberen Knöpfe (moderne Variante).
- ***Blazer mit vier Knöpfen:*** Schließen Sie die drei oberen Knöpfe oder die beiden mittleren.
- ***Blazer mit fünf Knöpfen:*** Schließen Sie alle Knöpfe bis auf den untersten.

In jedem Fall bleibt der unterste Knopf geöffnet. Das kommt der Überlieferung nach daher, dass wir früher so etwas wie die Gehröcke getragen haben. Es wäre uns damals gar nicht möglich gewesen, mit geschlossenem, unterstem Knopf zu laufen. Heute tragen wir zwar nichts mehr, das an einen Gehrock erinnert; dennoch ist uns die Regel erhalten geblieben, nach der wir den untersten Knopf geöffnet lassen.

Häufig sieht man den Fehler, dass sich jemand so richtig in Schale wirft und für diesen Anlass eine Weste aus dem Schrank holt. Deshalb sei an dieser Stelle ausdrücklich erwähnt, dass auch bei einer Weste der unterste Knopf aufzubleiben hat. Dafür darf das Sakko geöffnet bleiben, solange sie kein Podium betreten. Sobald Sie vor Publikum stehen und sprechen, gehört auch hier das Sakko geschlossen.

Woran Auftritte häufig scheitern

Schon ehe Sie zu sprechen beginnen, rufen Sie bei Ihrem Publikum Billigung oder Ablehnung hervor. Ihre Ausstrahlung ist es, die Sie das Publikum für sich gewinnen oder verlieren lässt – es sind nicht erst Ihre Worte. Ganz besonders schwer können Sie sich das Leben machen, indem Sie einen oder mehrere der folgenden Fehler zeigen:

1. ***Anzeichen von Unzuverlässigkeit:*** So zum Beispiel Unpünktlichkeit, Probleme mit der Technik usw.
2. ***Unangemessenes Erscheinungsbild:*** Achten Sie auf Körperhaltung, Kleidung, Blickkontakt und Lächeln.
3. ***Fehlendes Selbstbewusstsein bzw. fehlende Themenbeherrschung:*** einsilbige, abgelesene Redebeiträge ohne Bezug zum Publikum. Machen Sie dem Publikum Komplimente, das schafft Sympathien.
4. ***Schlechte Umgangsformen:*** unhöfliches Verhalten, Desinteresse im Vorfeld der Veranstaltung. Suchen Sie stattdessen aktiv das Gespräch und dadurch Verbündete.
5. ***Superstarallüren:*** Meiden Sie jede Form von Überheblichkeit und Geringschätzung. Respektieren Sie Distanzzonen.

Rede, Vortrag, Präsentation: *Wie Sie überzeugen*

Als Redner sind Sie nichts anderes als ein Pac-Man – und zwar ein sehr guter. Der Pac-Man war in den achtziger Jahren einmal ein sehr erfolgreiches Videospiel. Sein Name leitete sich von der japanischen Lautmalerei paku paku für „wiederholt den Mund öffnen und schließen" und der puckförmigen Gestalt der Hauptfigur ab. Im Wesentlichen ging es darum, ein Labyrinth zu meistern, dabei Früchte einzusammeln und vier Monstern aus dem Weg zu gehen. Diese Monster hatten übrigens sehr unterschiedliche Charaktere: es gab den Verfolger, den Hinterhältigen, den Launischen und den Dummkopf – in etwa ist das also vergleichbar mit der durchschnittlichen Zusammensetzung eines Publikums. Wenn Sie zu anderen Menschen sprechen, sollten Sie das Ganze wie ein Spiel sehen, bei dem Sie nur gewinnen können. Die Frage ist nur, wie hoch Sie gewinnen werden. Unternehmen Sie als ein guter Pac-Man eine Reise im Kopf Ihrer Zuhörer, finden Sie die Früchte, die Ihr Publikum gerne mag,

KAPITEL 4

„Eine gute Rede hat einen guten Anfang und ein gutes Ende – und beide sollten möglichst dicht beieinanderliegen."

SAMUEL LANGHORNE CLEMENS *(1835-1910),*
amerikanischer Schriftsteller, besser bekannt unter seinem Pseudonym Mark Twain

knacken Sie die Nüsse, die Ihnen manchmal in Weg gelegt werden, und gehen Sie dabei den fiesen Monstern aus dem Weg.

Denn: Jedermann kann es schaffen, ein faszinierender Redner zu werden. Auch wenn es in den Anfängen nicht immer leicht ist. Glauben Sie nicht, dass charismatische Redner schon immer so gut gewesen sind, wie sie es heute sind. Hinter jedem guten Redner liegt eine ganze Menge harte Arbeit. Ganz sicher macht es Sinn, sich im Vorfeld intensiv mit den Gesetzmäßigkeiten eines erfolgreichen Auftretens zu befassen. Und darum lesen Sie ja auch dieses Buch. Sie haben einen Entschluss gefasst und wollen an sich arbeiten. Dadurch gehören Sie zu den weniger als zehn Prozent aller Menschen, die ihre Persönlichkeitsentwicklung aktiv in die Hand nehmen und selbst die Initiative ergreifen.

Nach dem Lesen fängt Ihre Arbeit aber eigentlich erst richtig an. Mit jedem neuen und erfolgreichen Auftritt werden Sie an Selbstbewusstsein gewinnen und immer mehr Freude daran finden, vor Publikum zu sprechen. Leider stehen wir hier vor dem typischen Henne-Ei-Problem: Man weiß nicht genau, was zuerst vorhanden war. Denn: Je häufiger Sie vor Publikum auftreten, umso selbstsicherer werden Sie dabei. Je mehr Selbstbewusstsein Sie tanken, umso häufiger werden Sie öffentliche Auftritte suchen. Und so ist das Ganze ein Kreislauf, in den man irgendwann einmal einsteigen muss. Tatsächlich holen sich viele Menschen nicht ganz freiwillig Rat, wenn es darum geht, ihre öffentliche Wirkung zu optimieren.

Oftmals werden Teilnehmer in Seminare „geschickt", weil ihnen ein Vorgesetzter den ernst zu nehmenden Rat gegeben hat, an sich zu feilen. Nicht selten scheuen Mitarbeiter sogar Beförderungen, weil sie wissen, dass mit diesem Karriereschritt öffentliche Auftritte einhergehen. Manch einer hat schon vor Publikum gesprochen und dabei nicht gerade rauschenden Applaus geerntet. Andere haben sogar einen waschechten Reinfall erlebt. Hin und wieder gelingt es, sich eine Zeit lang einzureden, das sei schon in Ordnung oder könne mal passieren und schließlich seien die anderen ja auch nicht besser. Aber tief in Ihrem Innersten wissen Sie, dass das nur Ausreden sind. Die Wahrheit ist, dass sie nicht für andere, sondern in allererster Linie für sich selbst auftreten. Sie sollten nicht auf der Bühne stehen, um anderen einen Gefallen zu tun, sondern weil Sie es wollen. Wollen ist jedoch natürlich eng mit dem Können verknüpft. Wenn Sie dann irgendwann wirklich davon überzeugt sind, dass Sie „es" können, wollen Sie ganz bestimmt oben stehen und die Lorbeeren ernten.

Erfahrene Redner erzählen immer wieder, dass sie sich auf einer Bühne stehend selbstbewusster und wohler fühlen als inmitten des Publikums. Warum das so ist? Ganz einfach: Wer auf der Bühne steht, erhält von den Zuhörern einen Vertrauensvorschuss und wird erst einmal als Leitfigur anerkannt – man blickt zu ihm auf.

Zu jemandem aufzublicken hat große psychologische Wirkung; unbewusst setzt eine Konditionierung ein, die wir als Kinder gelernt haben. Das Unterbewusstsein sagt: Sofort aufpassen! Das, was jetzt gesagt wird, ist wichtig für Dich – und tatsächlich war das, was die Eltern und Lehrer früher zu uns als Kind gesagt haben, in der Regel gut und relevant für uns. Wer auf der Bühne steht, hat daher automatisch Führungsanspruch. Wer einer von vielen ist, muss diesen Anspruch erst einmal beweisen. Auf einer Bühne bekommen Sie also automatisch etwas zugebilligt, was man Ihnen auf Augenhöhe nicht ohne Weiteres zuspricht.

Ich erlebe immer wieder, dass der, der an dem Punkt „Öffentliches Auftreten“ arbeitet, in vielen Bereichen davon profitiert. Ein Teilnehmer erzählte mir zum Beispiel, dass er ja früher lieber barfuß durch die Wüste gewandert wäre, als sich vor anderen Leuten auf eine Bühne zu stellen. Durch eine berufliche Neuorientierung blieb ihm jedoch nichts anderes übrig, als sich dieser Angst zu stellen und sein Auftreten zu optimieren. Wochen später nahm der Klient an einer Eigentümerversammlung teil, in der es hoch herging. In früheren Zeiten hätte er sich niemals getraut, aufzustehen und öffentlich seine Meinung zu artikulieren. An jenem Tag war jedoch genau das selbstverständlich für ihn geworden. Innerhalb kürzester Zeit war ihm das Auftreten vor Publikum derart vertraut, dass er es ohne Zögern in jeglichem Rahmen einsetzen konnte – und er hatte auch noch Spaß dabei.

Vorbereitung ist mehr als die halbe Miete

Alexander Hamilton (1757-1804) war einer der Gründerväter der Vereinigten Staaten. Sein Porträt ziert noch heute die 10-Dollar-

Banknoten. Das traditionsreiche politische Magazin „Atlantic Monthly“ setzte ihn im Jahre 2006 in einer Rangliste der hundert einflussreichsten Amerikaner aller Zeiten auf Platz 5 hinter Abraham Lincoln, George Washington, Thomas Jefferson und Franklin D. Roosevelt. Hamilton selbst wird mit den Worten zitiert: „Manche Leute behaupten, ich sei ein Genie. Doch mein ganzes Genie besteht in Folgendem: Wenn ich mich mit einem Thema befasse, studiere ich es gründlich. Tag und Nacht steht es mir vor Augen. Ich erforsche es in all seinen Aspekten. Mein Geist wird vollständig davon durchdrungen. Die Leute nennen das Resultat meiner Bemühungen dann die Früchte meines Genies. Doch in Wahrheit handelt es sich lediglich um die Früchte meiner Mühe und Arbeit.“

Bei Immobilien sagt man, die Zauberworte seien „Lage, Lage, Lage“. Bei öffentlichen Auftritten lauten sie „Vorbereitung, Vorbereitung, Vorbereitung“. Sie dürfen davon ausgehen, dass Ihre Vorbereitung zu 90 Prozent über den Erfolg Ihres Auftritts entscheidet. Es genügt bei Weitem nicht, dass man etwas zu sagen hat, man muss das Gesagte auch strukturieren und so in Form bringen, dass die Zuhörer es leicht aufnehmen können. Wer spricht, macht eine Reise im Kopf seiner Zuhörer. Es geht nicht darum, etwas gut aufnehmen zu können, sondern darum, Zustimmung zu erzeugen. Da wir aber nicht ständig sagen können: „Sie wollen das doch auch!“, müssen wir in den Köpfen unserer Zuhörer einen inneren Dialog anstoßen, der genau dies für uns übernimmt. Und um bei dem Vergleich mit der Immobilienbranche zu bleiben: Schließlich würden Sie ja auch nicht auf die Idee kommen, wenn Sie ein Einfamilienhaus bauen wollen, dafür in den Baumarkt zu fahren, sich ein paar Steine, Mörtel und Holzpfosten zu besorgen und einfach so ins Blaue hinein zu bauen. Es wäre Ihnen klar, dass der Bau eines Hauses ohne einen

Bauplan nur schlecht funktionieren wird. Eigentlich ist uns darum natürlich bewusst, dass eine gute Vorbereitung fast die ganze Miete ist und dennoch leiden viele Redner unter der mysteriösen Aufschieberitis. Insbesondere dann, wenn wir nicht genau wissen, wo wir anfangen sollen, wenn wir mit einer schwierigen Aufgabe konfrontiert werden oder wenn uns etwas schlichtweg keinen Spaß macht, sind wir Meister des Aufschiebens. Sie haben bei einem öffentlichen Auftritt weitaus mehr zu tun, als bloß eine Rede zu schreiben oder ein paar Folien zusammenzustellen. Stellen Sie sich vor: Sie sind Produzent, Regisseur und Hauptdarsteller in einer Person und wollen ein neues Theaterstück auf die Bühne bringen. Sie benötigen eine tolle Geschichte und eine faszinierende Dramaturgie, die einen Schluss hat, der bei den Zuhörern etwas bewegt. Eine Geschichte, die Ihre Zuhörer weitererzählen werden.

Der beste Ratschlag ist wohl der, dass man bereits an dem Tag, an dem einen die Anfrage für den Auftritt ereilt, mit den Vorarbeiten starten sollte. Auch wenn die Aufschieberitis zu einer weitverbreiteten Volkskrankheit gehört, riskieren Sie mit Ihr einen erfolgreichen Auftritt. Schieben Sie die Vorbereitung Ihres Auftritts hinaus, müssen Sie sich hektisch und panisch kurz vor knapp den letzten Planungen widmen. Alles in allem nicht gerade die besten Vorzeichen für einen grandiosen Auftritt – völlig zu Recht wären Sie aufgeregt und hätten ein ungutes Gefühl in der Magengegend. Eine Tatsache ist nun mal, dass ein Auftritt umso besser gelingt, je besser er vorbereitet ist und je besser sich der Redner fühlt. Eine gute Vorbereitung ist erst dann abgeschlossen, wenn Sie hinter die folgenden Punkte einen Haken setzen können:

- Sie haben sich über Ihr Publikum informiert und in Erfahrung gebracht, auf welchem Wissensstand es sich befindet

- Beispiele, Anekdoten, Zitate zur Auswahl, die Sie in Ihrem Vortrag zum Besten geben können und die für Unterhaltung sorgen
- Sie beherrschen auswendig einen effektvollen Redeeinstieg, der Ihnen die Aufmerksamkeit des Publikums sichert
- Sie haben den Kern Ihrer Ansprache wohlüberlegt und sich für höchstens drei Schlüsselargumente entschieden
- Sie haben sich die Frage gestellt, welche Botschaften Ihre Kernbotschaften sind und darauf geachtet, dass diese nicht der Selbstverständlichkeit zum Opfer fallen und womöglich ungenannt bleiben
- Sie haben zwei Redeausstiege vorbereitet, die Ihre Zuhörer motivieren und dazu ermuntern, an dem Thema dranzubleiben
- Sie kennen die örtlichen Gegebenheiten bzw. den Veranstaltungsraum
- Sie haben sichergestellt, dass der Raum Ihren Vorstellungen entsprechend gerichtet wurde bzw. nötiges Equipment bereitsteht
- Sie haben Ihre Ansprache sowohl mental als auch laut mehrfach eingeübt.

Wenn Sie diese Punkte abgearbeitet haben, sind Sie so gründlich mit Ihrem Stoff vertraut, dass Sie nur wenige Notizen benötigen und Ihr Publikum auch nicht mit einer umfassenden Präsentation erschlagen müssen. Oftmals haben Redner, die mit einem Thema nicht gut bekannt sind, die Sorge, dass ihnen das Material ausgehen könnte. Sie hegen die Befürchtung, dass sie bereits nach wenigen Minuten mit dem Inhalt durch sein könnten und dann nicht wissen, wie sie den Rest füllen sollten. Diese Befürchtungen sind insofern berechtigt, als ein aufgeregter

Redner zu schnellem Sprechen neigt und dann tatsächlich sehr viel zügiger mit seiner Ansprache durch ist. Je besser Sie vorbereitet sind, umso länger und ruhiger können Sie reden und umso weniger Hilfsmittel benötigen Sie. Das gibt Ihnen die entscheidende Sicherheit, die Sie das Selbstbewusstsein und die nötige Ruhe ausstrahlen lässt, um ein Publikum wirklich gut und überzeugend zu unterhalten.

Informationen als Schlüssel zum Erfolg

„Wenn ich heute Leute mit meinen Reden langweile, glauben die, es sei ihr Fehler."

HENRY KISSINGER (*1923),
amerikanischer Politikwissenschaftler und Politiker

Kennen Sie Ihre Zuhörer?

Einer Ihrer ersten Schritte besteht darin, dass Sie sich ein Bild von Ihrem Publikum machen. Eine Rede kann immer nur dann erfolgreich sein, wenn es Ihnen gelingt, Ihr Publikum anzusprechen. Und da macht es natürlich einen himmelweiten Unterschied, ob Sie vor einer Gruppe von Studenten referieren oder ob Sie vor Banddirektoren stehen. Das bedeutet nicht, dass man eine Ansprache jedes Mal komplett neu entwerfen müsste. Natürlich kann der Inhalt – einmal vorhanden – auf die jeweilige Zielgruppe adaptiert werden. Sie können eine gute Ansprache nehmen und sie vor zig verschiedenen Zielgruppen halten und es würde immer noch eine gute Ansprache bleiben. Wenn Sie jedoch eine Ansprache halten wollen, die etwas bewirkt, verändert, begeistert, überzeugt und somit nachhaltig ist, so müssen

Sie sich jedes Mal aufs Neue ein paar mehr Gedanken machen. Der Pac-Man in Ihnen muss sich – je nach Zielgruppe – auf die Suche nach ganz unterschiedlichen individuellen Vorbehalten, Meinungen und Interessen in den Köpfen seiner Zuhörer machen.

Wie viele Teilnehmer werden erwartet?

Inhaltlich macht es keine gravierenden Unterschiede, ob Sie einen Vortrag vor zehn oder hundert Teilnehmern halten. Lediglich die zum Einsatz kommenden Techniken, so zum Beispiel rhetorische Fragen, aktive Beteiligung oder die Dramaturgie ändern sich. Bei einer kleineren Gruppe ist mit mehr Rückfragen zu rechnen, weil es leichter fällt, in einem kleinen und geschützten Rahmen Fragen zu stellen, als das vor einem großen Plenum der Fall ist. Auch können Sie bei einer kleinen Gruppe Fragestellungen an das Publikum richten, weil es den Teilnehmern auch hier leichter fällt, Stellung zu beziehen.

In einer Großveranstaltung sieht das anders aus. Hier würde es sich empfehlen, überwiegend mit rein rhetorischen Fragen zu arbeiten, die das Publikum zum Mitdenken anregen, die jedoch nicht explizit beantwortet werden müssen. Führen Sie die Teilnehmer dadurch auf eine „Ja-Straße“ und moderieren Sie den inneren Dialog Ihrer Zuhörer. Es gilt das Motto: Wer spricht, bestimmt, was der andere denkt.

Klarheit darüber, mit wie vielen Teilnehmern der Veranstalter rechnet, dient hauptsächlich Ihrer eigenen Beruhigung. Je genauer Sie über die Rahmenbedingungen Bescheid wissen, umso besser können Sie sich mental darauf einstellen. Ungünstig wäre es, wenn Sie innerlich auf eine kleine Veranstaltung programmiert sind und plötzlich vor einem prall gefüllten Saal stehen. Eine solch unerwartete Wendung versetzt uns dann doch recht schnell in Nervosität. Übrigens: Glauben Sie nicht, dass ein Vortrag vor einer kleinen Gruppe einfacher wäre als der vor einem großen Publikum. Eine kleine Gruppe traut sich deutlich mehr Rückfragen zu und hält Sie stärker und kritischer auf Trab als ein großes, anonymes Plenum – eine große Gruppe lässt sich außerdem leichter manipulieren. Gegebenenfalls hat die Anzahl der Zuhörer auch Einfluss auf die Wahl Ihrer Präsentationsmedien. Es macht wohl eher keinen Sinn, hundert Teilnehmern eine Erklärung auf einem Flipchart anzubieten: Ab Reihe 7 könnte das ohnehin niemand mehr entziffern. Und schließlich hat die Anzahl der Teilnehmer auch darauf Einfluss, wie viele Handouts Sie vorbereiten müssen.

Wie alt sind die Zuhörer?

Zumeist hat man ein Publikum vor sich, in dem alle Altersgruppen vertreten sind. In vielen Fällen lautet die Antwort auf die Frage nach dem Alter der Teilnehmer daher, dass zum Beispiel mit einer Spanne von 30 bis 65 Jahren zu rechnen ist. Fragen Sie dann nach, wo das Alter der Teilnehmer schwerpunktmäßig anzusiedeln ist. Sind Sie beispielsweise dreißig Jahre alt und sprechen vor einem Publikum, das im Schnitt in den Fünfzigern ist, so stellt das deutlich ältere Publikum mehr oder weniger offensichtlich Ihre Kompetenz infrage.

Man fragt sich, was so ein Jungspund denn zu erzählen hat, der gut und gern die eigene Tochter bzw. der eigene Sohn sein könnte. Infolgedessen müssen Sie direkt zu Beginn Ihre Kompetenz untermauern. Entweder, indem Sie sich selbst vorstellen (und keine falsche Bescheidenheit zeigen) oder indem Sie von jemand anderem vorgestellt werden. In einer Selbstvorstellung müssen Sie die Vorbehalte der Teilnehmer vorwegnehmen. Zum Beispiel indem Sie Folgendes sagen: „An Ihrer Stelle würde ich mich jetzt fragen, was der junge Kerl da vorne über das Rentensystem zu wissen glaubt. Aber lassen Sie mich Ihnen erzählen, dass ich mich seit mehr als fünf Jahren intensiv mit dieser Problematik befasse ... In diesem Zusammenhang habe ich ...“ Seien Sie ein guter Pac-Man – treten Sie eine Reise im Kopf Ihres Publikums an und sammeln Sie die dort vorhandenen Vorbehalte ein.

Interessanterweise verleitet die Fragestellung nach dem Alter des Publikums regelmäßig dazu, dass man Ihnen darüber hinaus noch weitere Informationen zur Verfügung stellt. Sie erfahren in diesem Kontext oft mehr, als Sie eigentlich erfragt haben. Generell gilt: Scheuen Sie sich nicht davor, Fragen zu stellen. Sie sind kein Zeichen für Unsicherheit, sondern zeugen von Professionalität. Nicht jedem Redner ist bewusst, wie viele Faktoren für einen wirklich guten Vortrag eine Rolle spielen. Darüber hinaus mögen es Ihre Partner, wenn Sie ihnen den Eindruck vermitteln, dass Sie sich individuell für sie interessieren und keinen „Vortrag von der Stange“ anbieten.

Wie ist das Verhältnis von Frauen und Männern?

Das zahlenmäßige Verhältnis von Frauen zu Männern macht keinen relevanten Unterschied aus. Es kann aber eben sein, dass gar keine Frauen bzw. gar keine Männer am Vortrag teilnehmen und dass dadurch manche Inhalte obsolet werden.

Wie viele Vorkenntnisse sind in Ihrem Thema bereits vorhanden?

Erfragen Sie, ob die Teilnehmer bereits im Vorfeld an vergleichbaren Veranstaltungen teilgenommen haben. Lassen Sie es nicht dabei bewenden, nur nach dem Titel der entsprechenden Veranstaltung zu fragen, sondern seien Sie hartnäckig und fragen Sie gezielt Inhalte nach. Nicht immer kann sich die andere Partei vorstellen, welche Inhalte in Ihrem Vortrag zu erwarten sind und kann darum auch nur schwer abschätzen, ob es zu langweiligen Wiederholungen kommen könnte. Lassen Sie sich von gelegentlichen Dopplungen aber nicht in Panik versetzen – Zuhörer vergessen das Gehörte schneller, als man denkt.

Besuchen die Teilnehmer den Vortrag freiwillig?

Ein ganz entscheidender Aspekt. Teilnehmer, die gezwungenermaßen an der Veranstaltung teilnehmen, können sich als arrogantes und desinteressiertes Publikum entpuppen. Sie sehen die Teilnahme nicht selten als Zeitverschwendung und empfangen Sie nicht gerade mit offenen Armen. Umso wichtiger, dass Sie sich frühzeitig deren Aufmerksamkeit sichern und ihnen einen Vorteil versprechen.

In welchem Verhältnis stehen Sie zu den Zuhörern?

Vor einem Punkt muss ich massiv warnen: Verbrüdern Sie sich niemals mit Ihrem Publikum. Manch Vortragender versucht, sich die Sympathie seiner Zuhörer zu sichern, indem er den Eindruck vermittelt, alle säßen im gleichen Boot und wären Freunde. Dem ist definitiv nicht so. Ihre Aufgabe als Redner ist es, das Publikum zu führen und wenn Sie Vorgesetzter sind, können Sie es sich erst recht nicht erlauben, auf gut Kumpel zu machen. Mittelfristig tun Sie sich damit absolut keinen Gefallen. Kommen Sie in Ihrer Ansprache an einen Punkt, an dem die Zuhörer mit Ihnen diskutieren wollen und sich nicht ohne Weiteres von Ihrer Sichtweise überzeugen lassen, wird Ihnen die vorherige Kommunikation auf Augenhöhe zum Stolperstein. Darüber hinaus lassen sich nicht alle Teilnehmer blenden und dann heißt es plötzlich nicht mehr, dass der da vorne sehr sympathisch ist, sondern dann heißt es nur noch, dass man sich anbiedern würde.

Kennen Sie die örtlichen Gegebenheiten?

Das Nervenflattern wird deutlich weniger, wenn man sich in der Umgebung auskennt und abschätzen kann, was einen erwartet. Später werden wir uns mit der Frage beschäftigen, wie man sich am besten auf einen Auftritt vorbereitet. Wir werden zu dem Ergebnis kommen, dass man sowohl mental als auch praktisch üben kann. Gerade wenn man mental geübt hat, kommt es darauf an, sich die räumliche Situation so genau wie möglich vor Augen zu führen. Umso besser kann man spüren, wie es sich anfühlt, vorne zu stehen und ins Publikum zu schauen. Die folgenden Fragen helfen dabei, sich ein möglichst präzises Bild von den örtlichen Gegebenheiten und den Abläufen zu machen:

Wie groß ist der Raum und wie ist seine Akustik?

Die Größe und Akustik des Raums hat Einfluss darauf, mit welcher Präsentationstechnik Sie arbeiten und ob Sie Mikrofonunterstützung benötigen.

Wie sind die klimatischen Bedingungen in dem Raum?

Ein kühler Raum hält wach, ein warmer Raum macht müde.

Gibt es ein Rednerpult?

Ein Rednerpult gibt Sicherheit: Man kann sich dahinter stellen, hat etwas, woran man sich festhalten kann und einen Sichtschutz, hinter dem die Unterlagen für den Vortrag deponiert werden. Leider nimmt das Rednerpult zur gleichen Zeit Dynamik, weil man körpersprachlich nur eingeschränkt agieren kann, und schafft eine Distanz bzw. Barriere zum Publikum. Achten Sie darum auch hier gezielt auf die nonverbalen Signale: Merken Sie sich, dass die Zuhörer Sie sehr genau in Augenschein nehmen und darum eine unruhige Körpersprache bemerken. Das gilt insbesondere dann, wenn es sich um ein schmales Rednerpult handelt, das keineswegs den halben Körper verdeckt, sondern beispielsweise Bewegungen in den Knien weiterhin sichtbar sein lässt. Setzen Sie unterstützende Gestik ein. Halten Sie sich nicht krampfhaft mit beiden Händen am Pult fest. Die Situation an einem Pult lässt durchaus große Gestik und ausholende Bewegungen zu. Dadurch machen Sie die eigentliche Passivität ein wenig wett. Achten Sie auf eine aufrechte und selbstbewusste Haltung. Es bietet sich an, die Arme ausgestreckt rechts und links am Pult zu platzieren und von dort aus zu unterstützender Gestik anzusetzen. Dadurch verschwinden Sie nicht hinter dem Pult, sondern zeigen eine selbstsichere Haltung, indem Sie so viel Raum wie möglich in Anspruch nehmen.

Gibt es die gewünschte technische Ausstattung?

Möchten Sie eine Präsentation zeigen? Oder ein Video abspielen? Bringen Sie frühzeitig in Erfahrung, ob Ihnen das gewünschte Equipment zur Verfügung steht.

Wie ist das Licht? Können Präsentationen gut gesehen werden?

Vorsicht, Stolperfalle! Die schönste Präsentation nutzt nichts, wenn das Publikum sie nicht entziffern kann. Manchmal steht man vor dem Spagat, dass man entweder den Raum abdunkeln muss oder in Kauf nimmt, dass das Tageslicht bzw. die künstliche Beleuchtung die Präsentation unleserlich macht. Ein dunkler Hintergrund einer Präsentation ist stets schwerer abzubilden als ein heller Hintergrund.

Müssen Sie ein Mikrofon nutzen?

Hier hat man die Qual der Wahl. Wählen Sie ein Handmikrofon, ein Headset oder ein Ansteckmikro? Wann immer es geht, sollten Sie sich für ein Ansteckmikro oder das Headset entscheiden. Beide haben den Vorteil, dass Sie Ihnen maximale Bewegungsfreiheit garantieren. Sollten Sie Notizen mit auf die Bühne nehmen, so halten Sie diese in der einen Hand und müssten ansonsten das Handmikrofon in die andere Hand nehmen. In der Folge wären Sie körpersprachlich doch sehr eingeschränkt und es wäre schwierig, Dynamik zu transportieren.

Wie ist die Sitzordnung der Teilnehmer?

Können Sie besondere Wünsche äußern, was die Sitzordnung der Teilnehmer angeht? Umso besser. Hier hat jeder seine eigenen Vorlieben. In Seminaren lieben es Trainer, einen Stuhlkreis zu bilden, auch wenn das so manchen an die Sitzordnung im Kindergarten erinnert. U-Formen eignen sich für mittelgroße Gruppen bis ca. 20 Teilnehmer. Sie haben den Vorteil, dass man gut in die Gruppe hineingehen kann. Die klassische Theaterbestuhlung findet man am häufigsten bei Auftritten vor. Achten Sie dann darauf, dass sich die ersten Reihen füllen, und laden Sie Ihre Zuhörer aktiv ein, sich nach vorne zu setzen.

Existiert ein Ablaufplan?

Ein Ablaufplan kann insbesondere dann eine große Hilfe sein, wenn es sich um größere Veranstaltungen handelt. Zurufe sind bei Weitem nicht so zuverlässig wie ein Schriftstück, aus dem alles Schwarz auf Weiß hervorgeht. Ein Ablaufplan gibt Ihnen Auskunft darüber, wann Sie beispielsweise Ihre Präsentation oder die Tontechnik testen können. Einen solchen Testlauf sollten Sie mit möglichst wenig Publikum durchführen, am besten also vor Beginn einer Veranstaltung.

Gibt es außer Ihnen noch andere Redner?

Wenn ja, wann sind Sie an der Reihe? Wer sind die anderen Redner und was hat man von ihnen zu erwarten? Wie werden diese den Fokus ihrer Ansprache legen und welche Sichtweisen werden sie vertreten? Folgen Sie den Rednern nach, so ist das Publikum womöglich bereits ein wenig müde – bekanntermaßen schwindet bereits nach 20 Minuten die Aufmerksamkeit. Umso wichtiger, dass Sie fulminant starten und dadurch signalisieren, dass es sich lohnt, Ihnen Gehör zu schenken. Hören Sie den Vorrednern aufmerksam zu. Schön ist es, wenn Sie ein bis zwei Dinge aus dem Vortrag des Vorredners aufgreifen und darauf Bezug nehmen. Dadurch signalisieren Sie, dass Sie auf spontane Gegebenheiten eingehen können, schaffen einen Anknüpfungspunkt und sichern sich die Sympathie des Vorredners, da er jetzt quasi noch einmal mit auf der Bühne sein darf und von Ihnen gelobt wird. Zum Beispiel: *„Mit Interesse habe ich Ihrem Vortrag gelauscht, Herr Professor Schmidt, und dabei erfahren, dass …“* Am einfachsten ist es natürlich, wenn Sie einer der ersten Redner sind. Sie laufen dann nicht Gefahr, dass andere „Bühnendarsteller“ Dinge ansprechen, die Sie in Ihrem Beitrag hätten sagen wollen. Unglücklich ist es auch, wenn Sie sich immer wieder auf Ihren Vorredner beziehen. Ein oder zwei Mal sind okay, mehr nicht. Es sei denn, es geht um eine Kontroverse – dann müssen Sie zum Marsch blasen und Ihren Vorredner angreifen.

Inhalte, die wirken und etwas bewirken

*„Eine gute Rede ist wie ein Bikini –
knapp genug, um spannend zu sein,
aber alle wesentlichen Stellen abdeckend."*

JOHN F. KENNEDY (1917-1963),
35. Präsident der Vereinigten Staaten

Anfang gut, alles gut: Die Einleitung

Ganz ehrlich: Wir alle mussten schon einmal einer langweiligen Rede lauschen. In den meisten Fällen war es nicht so, dass wir von der Langeweile überrascht wurden. Bereits als der Redner seine ersten Worte an uns richtete, wurde uns klar, was uns da im Folgenden erwarten würde. Und tatsächlich: Im Laufe der Ansprache wurde es nicht besser. Unsere Erwartung wurde bestätigt und wir sind beim nächsten Mal vorsichtiger, wenn es darum geht, einem Redner Vertrauensvorschuss zu gewähren.

Kein Wunder, bereiten sich doch die meisten Redner fälschlicherweise intensiv auf den Mittelteil ihrer Ansprache vor und vergessen dabei, dass die ersten und letzten Minuten die wichtigsten sind. Einstiegssätze wie „Kann mich jeder hören?" oder „Heute sprechen wir über ..." reißen nun mal niemanden vom Hocker. Das Motto lautet: Der erste Eindruck prägt – der letzte Eindruck bleibt. Nur dann, wenn es Ihnen gelingt, Ihr Publikum von der ersten Sekunde an zu interessieren, wird man Ihnen weitere Aufmerksamkeit schenken. Ist Ihnen das Publikum dagegen einmal „abhanden" gekommen, so wird es sehr schwer, die Aufmerksamkeit zurückzugewinnen. Mit den Schlussworten Ihrer Ansprache entscheidet sich dann, wie viel die Zuhörer vom Vortrag in Erinnerung behalten und ob das Gesagte eine Veränderung im Geiste und in Taten bewirken wird.

Warum jedoch langweilen uns so viele Redeeinstiege? Ganz einfach: weil sie vorhersehbar sind. In meinen Seminaren frage ich gern die Teilnehmer, wie sie die Erwartung Ihrer Zuhörer einschätzen. Konkret möchte ich wissen, welche ersten Worte ein Publikum erwartet. Oder anders gefragt: Würde man dem Plenum vor der Ansprache Stift und Papier verteilen und würde es bitten, zu notieren, wie die ersten Worte des Redners lauten werden, so ist die Trefferwahrscheinlichkeit sehr hoch. Die meisten Befragten könnten nämlich sehr gut auf den Punkt bringen, wie sich die Einleitung anhören wird. Und weil sie so vorhersehbar ist, ist sie dann leider auch schrecklich langweilig. Ihre erste Aufgabe lautet darum, das Publikum zu überraschen. Überraschung erzeugt Aufmerksamkeit.

Ich halte es darum für ratsam, nie mit einer Selbstvorstellung zu beginnen. Genau das ist es, was das Publikum erwartet. Vielmehr sollten sie die Erwartungshaltung durchbrechen und einen Einstieg wählen, der keinesfalls vorhersehbar ist:

Stellen Sie den Anlass bzw. den Ort der Veranstaltung in den Fokus.

Zum Beispiel bei einer Rede vor Bankern oder Börsenmaklern: *„Da wir uns heute Abend viel mit Zahlen beschäftigen, oder besser gesagt mit Erfolgsgeschichten rund um Zahlen, habe ich einige für Sie herausgegriffen: Die Zahl „21“ bietet beispielsweise Anlass zu interessanten Überlegungen: nicht nur, dass wir uns hier im K21-Ständehaus befinden. Das Kunstwerk „The Staircase“ von Mika Sosnowska, das hier über unseren Köpfen installiert ist, hat auch mit dieser Zahl zu tun: Es ist nämlich genau 21 Meter lang. Und wenn wir die „21“ einfach umstellen und eine „12“ daraus machen, haben wir den Anlass, zu dem wir heute zusammengekommen sind, schon recht* genau erfasst. Wir verleihen heute Auszeichnungen in 12 Kategorien …"

Geben Sie etwas von sich selbst preis

Zum Beispiel bei einer Jubiläumsansprache: *„1984, das Gründungsjahr dieses Unternehmens, war ein interessantes Jahr. Ronald Reagan kündigte bei einer Mikrofonsprechprobe die Bombardierung der Sowjetunion an – und bedauerte diesen Scherz wenig später. Richard von Weizsäcker wurde deutscher Bundespräsident. Die Anschnallpflicht trat in Kraft. Auch gab es Neues aus unserer Region: Die Neue Staatsgalerie in Stuttgart wurde nach viereinhalbjähriger Bauzeit eröffnet. Und auch für mich selbst war das Jahr 1984 etwas ganz Besonderes: Ich wurde endlich eingeschult …"* Diesen Einstieg habe ich übrigens selbst einmal gewählt. Das Interessante daran war, dass der Redner nach mir ebenfalls an das Jahr 1984 anknüpfte und sich dabei auf meine Ansprache bezog. Er erzählte, dass auch für ihn das Jahr 1984 ein besonderes Jahr gewesen sein, da habe er nämlich geheiratet. Das war natürlich ein schöner Zufall, der beim Publikum für Erheiterung sorgte und daneben sympathisch machte, weil beide Redner etwas über sich preisgegeben hatten, das nicht unbedingt hätte sein müssen, und sie das nahbar machte.

Erzählen Sie eine Anekdote

Zum Beispiel: *„Vor wenigen Wochen war ich auf einer Hochzeit eingeladen. Auf der Einladung zur Feierlichkeit stand der Dresscode „black tie requested" vermerkt und brachte zum Ausdruck, dass „Mann" einen Smoking tragen sollte. Ich musste jedoch feststellen, dass das nicht jedem Hochzeitsgast bewusst war. Und so war ich doch sehr erstaunt, wie vielen Gästen es gelungen war, eine schwarze Krawatte aufzutreiben … Heute wollen* wir es nicht ganz so förmlich angehen. Und auch wenn wir in unserem Unternehmen sicher auch in Zukunft keinen Smoking tragen wollen, sind wir heute zusammengekommen, um in diesem Workshop darüber nachzudenken, wie wir unsere Außenwirkung optimieren können ...“

Wählen Sie einen Einstieg, der unpassend erscheint

„‚Es ist unsere Aufgabe, unseren Mitbürgern wieder Arbeit zu beschaffen und Chancengleichheit für unsere Kinder herzustellen, den Wohlstand zu erneuern und Frieden zu fördern und uns klar zu machen, dass wir trotz unserer Unterschiedlichkeit eins sind, gemeinsam atmen und gemeinsam hoffen. Und wer uns mit Zynismus und Zweifeln kommt, wer uns sagt, dass wir es nicht schaffen, dem werden wir mit dem nicht enden wollenden Glauben antworten, der sich in der Hoffnung eines Volkes vereint: Ja, wir schaffen es.‘ Diese Worte wählte der amerikanische Präsident Barack Obama, als er nach den Präsidentschaftswahlen 2008 in Chicago eine Rede hielt. Sie zeigt ...“ Das Unpassende wird im Handumdrehen aufgelöst, sobald klar wird, dass dies nicht Ihre Worte waren, sondern dass Sie jemanden zitiert haben. Der Überraschungseffekt ginge allerdings verloren, wenn Sie vor dem Zitat erklären würden, dass Sie jemanden zitieren. Es ist elementar wichtig, dass diese Erklärung erst im Nachhinein erfolgt.

Stellen Sie rhetorische Fragen

„Wussten Sie, dass die meisten unserer Verhaltensweisen nach wie vor auf unserem Reptilienhirn basieren? Dass Sie, wenn Sie morgens aufstehen, sich rasieren, die Zähne putzen und sich anziehen aus dem uralten Motiv der sozialen Sicherheit und des Dazugehörenwollens handeln? Dass Ihr Anzug ein Zeichen von

Dominanz ist? Dass Sie beim Autofahren drängeln, weil Sie das als den Stärkeren auszeichnet? Dass in Ihrem Büro Designermöbel stehen, weil das Ihre Macht widerspiegelt? Dass Sie gerne zu VIP-Veranstaltungen gehen, weil das Ihren Status bestätigt? Dass Sie einen Unternehmensberater anheuern, weil der Ihnen Sicherheit verspricht? Meine Damen und Herren, heute werden wir uns selbst auf die Spur kommen und erkennen, auf welchen uralten Strukturen jede unserer Entscheidungen beruht ..."

Treffen Sie eine Aussage

Zum Beispiel: „Ohne Wald keine Zeitung. Ohne Wald kein Zuhause. Ohne Wald keine Musikinstrumente. Es wird höchste Zeit, dass wir uns ..."

Erzählen Sie eine Geschichte

Wir alle lieben Geschichten, sofern sie gut vorgetragen werden und sofern sie uns auf das Vortragsthema hinleiten. Zum Beispiel:

- „George war ein junger, ehrgeiziger Hotelangestellter. Seine zwei Maximen waren: 1. alles über das Hotelgeschäft lernen, was möglich ist und 2. jeder Kundenwunsch wird erfüllt! Eines Tages, an einem regnerischen, kalten Herbstabend, kam ein älteres Ehepaar in das Hotel, in dem er arbeitete, und fragte nach einem Zimmer. Alle Hotels in der Stadt waren wegen einer Messe restlos ausgebucht und auch das Hotel, in dem George arbeitete, hatte nichts mehr frei. Als George in ihre enttäuschten Gesichter blickte, erinnerte er sich an eine seiner Hauptmaximen, und so bot er ihnen sein eigenes Zimmer an, da er sowieso Nachtdienst hatte und erst ab 9.00 Uhr morgens seine Unterkunft wieder benutzen konnte. Das Ehepaar bedankte sich, *wollte jedoch das großzügige Angebot ablehnen. Doch George bestand darauf. Am nächsten Tag, als das ältere Ehepaar abreiste, bedankten sie sich überschwänglich, und George erhielt ein großzügiges Trinkgeld. In den nächsten zwei Jahren lernte George alles, was er über das Hotelgeschäft wissen musste. Er belegte Kurse und Seminare über Managementstrategien, Menschenführung, Verkaufstechniken und vieles mehr. Eines Tages bekam er einen Brief aus New York City. Der ältere Herr von damals hatte ihm geschrieben. Er lud ihn nach New York ein und hatte auch gleich eine Hin- und Rückfahrkarte beigelegt. Als George in New York ankam, wartete sein Gastgeber schon am Flughafen auf ihn. Der alte Mann fuhr mit ihm zur Ecke 5th Avenue/34. Straße und zeigte ihm einen Palast aus rotem Gestein mit Türmen und sagte: ‚Dieses Hotel habe ich für Sie gebaut. Sie werden es leiten‘. Der alte Mann hieß übrigens William Waldorf Astor, der junge Mann George C. Bolt – und er wurde der erste Manager des legendären Waldorf Astoria. Auch Sie, sehr geehrte Damen und Herren, stehen unmittelbar vor Ihrer Ausbildung und feilen an Ihrem beruflichen Werdegang …“.* Diese Geschichte ist natürlich ziemlich lang. Ich habe sie selbst vor Schülern gehalten, die gerade ihren Schulabschluss in der Tasche hatten. Vor mir waren eine Reihe von anderen Rednern zur Tat geschritten: dabei eine Dame vom Kultusministerium, ein Herr als Vertreter eines Wirtschaftsverbandes sowie eine Lehrerin. Als Vierter in der Reihe hat man es dann nicht ganz leicht – zumal sich zwei meiner Vorredner keineswegs an ihre Zeitvorgabe gehalten und die Geduld der Zuhörer schon sehr strapaziert hatten. Diese Geschichte als Einstieg zu wählen, war das Beste, was man hätte tun können. Innerhalb kürzester Zeit konnte man eine Stecknadel im Raum fallen hören und die Aufmerksamkeit der Zuhörer war regelrecht spürbar.

- *„Ein Mann schrieb einen Brief an ein kleines Hotel, in dem er in seinem Urlaub abzusteigen plante. Er schrieb: ‚Ich würde sehr gerne meinen Hund mitbringen. Er ist gut gepflegt und sehr gut erzogen. Sind Sie bereit, mir zu erlauben, ihn mitzubringen?' Eine Antwort kam sofort vom Besitzer des Hotels, der schrieb: ‚Ich leite dieses Hotel seit vielen Jahren. In all dieser Zeit hat mir nie ein Hund Handtücher, Bettwäsche, Silber oder Bilder von den Wänden gestohlen. Ich musste nie einen Hund zwingen, das Zimmer wegen Trunkenheit oder unordentlichem Verhalten zu räumen. Und noch nie ist ein Hund verschwunden, ohne seine Hotelrechnung zu bezahlen. Und wenn Ihr Hund für Sie verbürgen kann, sind Sie ebenfalls willkommen, hier zu wohnen.' Wir sind heute zusammengekommen, um uns zu überlegen, wie wir für unsere Kunden den Service unseres Unternehmens optimieren können und wie wir für unsere Kunden die Begegnung mit unserem Unternehmen zu einem unvergesslichen Erlebnis machen können. Jeder Moment der Begegnung ist ein Augenblick der Wahrheit …"* Hinter dieser Geschichte steht ein ähnliches Prinzip. Sie erheitert die Gemüter und garantiert dem Redner Aufmerksamkeit. Vorausgesetzt, Sie achten auf eine wichtige Bedingung: Selbstverständlich kennen Sie als Redner die Geschichte so gut wie Ihre Westentasche. Ihre Zuhörer jedoch hören sie zum ersten Mal. Lassen Sie ihnen darum unbedingt genügend Zeit, um die Geschichte zu verarbeiten und um eine Reaktion darauf zeigen zu dürfen. Sehr häufig fahren Redner viel zu schnell mit ihren Ausführungen fort und lassen die Geschichte nicht wirken. Obwohl es sich um etwas Amüsantes handelt, steht der Redner mit einem todernsten Gesicht vorne und redet ohne Punkt und Komma weiter. Dann verpufft die Geschichte. Das Publikum fällt dem Redner selbstverständlich nicht ins Wort und zeigt mangels Gelegenheit und aufgrund der fehlenden Vorgabe des Redners keine Reaktion. Was ein Redner ins Publikum hineingibt, bekommt er auch zurück. Stehen Sie todernst vor dem Publikum und ringen sich nicht mal ein Lächeln ab, so wird Ihnen Ihr Publikum ebenfalls keines schenken. Machen Sie dagegen eine Pause nach dem Höhepunkt der Geschichte und zeigen ein breites Lächeln, so wird das Publikum Ihnen das mit heiterem Gelächter zurückgeben.

- *„Als der Autor Jack Canfield eines Tages von der Arbeit heimfuhr, hielt er an, um einem Baseballspiel der lokalen Jugendliga zuzusehen. Als er sich nahe der ersten Grundlinie niedergelassen hatte, fragte er einen der Jungen, wie denn das Spiel stünde. ‚Vierzehn zu null für die anderen', antwortete der lächelnd. ‚Na wirklich, ich muss schon sagen, dafür wirkst du aber gar nicht entmutigt', meinte Canfield. ‚Entmutigt?' fragte der Junge verblüfft. ‚Wieso entmutigt? Wir waren ja noch gar nicht richtig dran!'" Meine sehr geehrten Damen und Herren, diese Geschichte zeigt auf eine wunderbare Art und Weise, wie unterschiedlich die Sichtweise auf ein- und dieselbe Sache sein kann ..."*
- *„Professor Christiaan Barnard, Ende 1967 durch die erste Herzverpflanzung weltberühmt geworden, trieb auf Reisen mancherlei Späße. In Montreal war er es satt, immer wieder einen Vortrag vor Ärzten zu halten. Er tauschte daher mit seinem Chauffeur den Anzug und beauftragte diesen den Vortrag zu verlesen, während Barnard selbst in der letzten Reihe Platz nahm. Der Chauffeur tat das auch erstaunlich geschickt. Doch plötzlich gab es einen massiven Zwischenruf. Ohne mit der Wimper zu zucken, erwiderte er: ‚Ich muss mich doch sehr wundern, dass ausgerechnet Sie mit einem so billigen Einwand kommen. Dazu kann sogar mein Chauffeur*

Stellung nehmen, der dort hinten im Cordanzug sitzt. Fragen Sie ihn nach dem Vortrag und stören Sie mich nicht weiter!'" Meine sehr geehrten Damen und Herren, ich versichere Ihnen, dass ich heute höchstpersönlich vor Ihnen stehe, um Sie über meine medizinischen Forschungen auf dem Gebiet der … zu informieren. Ich freue mich, dass …" Hinter jedem erfolgreichen Produkt und nahezu hinter jedem erfolgreichen Menschen stehen Geschichten. Wir alle haben schon einmal davon gehört, dass der Microsoft-Gründer Bill Gates zu Anfang in einer Garage tüftelte oder dass die Autorin von Harry Potter, Diane Rowling, eine mittellose, alleinerziehende Mutter war, die eigentlich nur die Geschichten zu Papier brachte, die sie abends ihrer Tochter beim Einschlafen erzählte. Geschichten tragen auch dazu bei, dass einfache Dinge plötzlich einen ungeheuren Wert erfahren: Champagnerflaschen, die in einem Schiffswrack gefunden und Jahrzehnte später vom Meeresgrund gehoben wurden, erzielen selbstverständlich ein Vielfaches an Erlösen, als sie tatsächlich wert wären – Menschen lieben Geschichten also so sehr, dass sie aufgrund einer faszinierenden Geschichte durchaus auch unlogisch handeln.

- *„Der Aktionskünstler Christo erregt mit seinen Verpackungen immer wieder weltweit Aufsehen. Der Zweck seiner Übungen: einen neuen, anderen Blick auf Bekanntes zu gewinnen. Daran sollten wir unsere Überlegungen heute ausrichten – die Dinge einmal mit anderen Augen, aus einem anderen Blickwinkel zu betrachten …"*

Verwenden Sie Zitate

Achten Sie aber darauf, dass der Zitierte hinreichend bekannt ist. Wenn Sie Menschen zitieren, die Ihnen zwar bekannt sind, aber die den anderen nicht zwingend etwas sagen, so verwirrt das Ihr Publikum. Nehmen Sie Abstand davon, einen Herrn Professor Schmidt von der Hochschule Waldau zu zitieren, sofern dieser nicht als besondere Koryphäe bekannt ist. Übertreiben Sie es außerdem nicht mit den Zitaten. Am Anfang oder am Ende einer Ansprache ist die Gelegenheit für Zitate günstig, um so ein bisschen Pep hineinzubringen. Beziehen Sie sich „dazwischen" ebenfalls auf bekannte Persönlichkeiten, entsteht der Eindruck, Sie hätten womöglich selbst nicht genügend zu sagen. Wenn Sie sich jedoch nur ab und an auf Aussagen wichtiger, allgemein bekannter Personen beziehen, erwecken Sie den Eindruck, dass Sie mit dieser Meinung nicht alleine dastehen, sondern dass auch andere, bekannte Persönlichkeiten diese Meinung teilen bzw. schon vorher gehabt haben. Wenn es darum geht, dass Ihnen die Zuhörer Vertrauen schenken sollen, kommt es darauf an, dass Sie in Ihrer Rede geschickt Autoritäten platzieren. Das ist auch der Grund, warum man uns in der Zahncremewerbung gerne Zahnärzte in einem weißen Kittel präsentiert. Sollte dies nicht ausreichend oder möglich sein, dann langt es immer noch, wenn man uns die Frau eines Zahnarztes präsentiert. Der Doktor und seine Frau haben recht. Ihnen glauben wir gerne.

Ein Einstiegszitat kann zum Beispiel folgendermaßen lauten:

- *„Sepp Herberger, als deutscher Fußballtrainer 1954 verantwortlich für das ‚Wunder von Bern', hatte die Gabe, große Worte in einfache Sätze zu packen. Zum Beispiel: ‚Die Leute gehen ins Stadion, weil sie nicht wissen, wie es ausgeht.' Richtig. Und dieselbe Situation haben wir heute auch: Wir haben sogar mehr als 90 Minuten Zeit und blicken dem heutigen Abend mit Spannung entgegen."*

- *„Eine der Prognosen des ersten deutschen Bundespräsidenten Theodor Heuss wurde sehr bekannt. Sie lautete: ‚Eines Tages werden Maschinen vielleicht nicht nur rechnen, sondern auch denken. Mit Sicherheit aber werden sie niemals Fantasie haben.' Mit diesen Worten lade ich Sie nun ein, Ihre Fantasie einzusetzen, um …"*
- Als Zitatgeber eignen sich populäre Menschen wie Schauspieler oder Schriftsteller und auch Autoritäten bzw. Experten, die bekanntermaßen über eine große Sachkenntnis verfügen.

Humor ist gut, Witze sind es nicht

Gern können Sie amüsante Geschichten erzählen und Ihr Publikum zum Lachen bringen. Witze dagegen sind zu speziell, scheiden die Geister und sind in den meisten Fällen schlicht und ergreifend deplatziert. Bevor Sie zu einer amüsanten Geschichte ansetzen, gehen Sie die folgenden Überlegungen durch:

- Kann ich zwischen der humorvollen Bemerkung und dem Thema meines Vortrags eine Verbindung herstellen?
- Kann ich davon ausgehen, dass das Publikum die Geschichte amüsant findet?
- Kann ich sicher sein, dass ich damit niemanden verletze und niemandem zu nahe trete?
- Ist das die beste Art und Weise, um mir die Aufmerksamkeit des Publikums zu sichern?

Schaffen Sie Gemeinsamkeiten

Diese Variante bietet sich insbesondere dann an, wenn Sie vor einem Publikum stehen, das Sie aus irgendwelchen Gründen misstrauisch beäugt. Steht nämlich ein Redner vor Publikum, das ihn nicht mag, das seinen Hintergrund ablehnt und das seinen Standpunkt nicht teilt, wird das Publikum dem Redner mit negativer Energie begegnen. Dieses Szenario ändert sich dann plötzlich, wenn der Redner Gemeinsamkeiten zwischen sich und dem Publikum herstellt. In der Folge werden die Zuhörer sinngemäß denken: „So schlimm ist er ja gar nicht. Wenn wir diesen Punkt übereinstimmen, liegen wir ja gar nicht so weit auseinander, wie ich dachte."

Das Prinzip lautet: Wer einen umarmt, dem kann man nicht widersprechen. Legen Sie den Fokus Ihres Einstiegs darum auf eine gemeinsame Basis. Dafür eignen sich Standpunkte, denen ohnehin kein vernünftiger Mensch widersprechen würde. So zum Beispiel: *„Wir alle möchten für unsere Kinder die bestmögliche Ausbildung."* oder: *„Wir alle möchten, dass dieses Unternehmen weiterhin so erfolgreich bleibt."* Menschen möchten jemand sein. Menschen möchten jemand Wichtiges sein. Auch die Gruppenzugehörigkeit kann ein Gefühl von Überlegenheit und Stolz vermitteln, dem sich niemand entziehen kann.

Zwingen Sie Ihre Zuhörer zu einem „Ja" indem Sie eine Serie rhetorischer Fragen stellen

„Möchten Sie Menschen im ersten Eindruck beeindrucken? – Möchten Sie wissen, wie Sie andere Menschen von sich überzeugen? – Wollen Sie erfahren, wie Sie von anderen bewundert werden?" Jetzt mal ehrlich: Wer will das nicht!? Der Trick rhetorischer Fragen besteht darin, dass die Zuhörer nicht anders können, als darauf innerlich zu antworten. Wichtig ist, dass hier alle Fragen mit einem „Ja" beantwortet werden. Auf diesem Wege können Sie auch ein kritisches Publikum auf Ihre Seite ziehen. Das Ganze funktioniert jedoch auch umgekehrt: Wer spricht und ungeschickte Fragen stellt, bestimmt genauso, was der andere denkt – nur eben in die falsche Richtung gehend.

Das Unterbewusstsein kann nicht nicht Bilder erzeugen. Zum Beispiel: Denken Sie jetzt nicht an einen blauen Elefanten auf einem roten Fahrrad, dem eine rosa Maus hinterherläuft. In dem Moment, wo Sie dies lesen oder hören, entstehen Bilder in Ihrem Kopf, denen Sie sich nicht verschließen können. Je öfter die Zuhörer dem Redner unbewusst oder bewusst zugestimmt haben, desto höher ist die Wahrscheinlichkeit, dass sie sich am Ende des Redebeitrags mit der Botschaft einverstanden zeigen.

Nennen Sie dem Publikum seinen Vorteil

Es ist nun mal eine Tatsache, dass sich die Menschen in allererster Linie für sich selbst interessieren. Darum möchten sie auch alsbald wissen, was für sie dabei herausspringt, wenn sie Ihnen weiter zuhören. Schon bald nach Ihrem Einstieg in Form eines Zitats, einer Anekdote oder wie auch immer hält das Publikum nach seinem Vorteil Ausschau. Es möchte wissen, ob es neben reiner Höflichkeit einen weiteren Grund gibt, warum man Ihnen zuhören sollte. Die entscheidende Frage lautet: Was habe ich davon?

- Führt ein besseres Auftreten dazu, dass man einen besseren Kontakt zu Kunden bekommt und mehr Umsatz macht?
- Führt eine gesunde Ernährung zu einem längeren Leben?
- Führt sportliche Aktivität dazu, dass sich die Partner anziehender finden und eine harmonische Beziehung leben?
- Gibt eine Versicherung die Garantie, dass man in Notfällen versorgt ist?

Beantworten Sie diese Fragestellung so bald wie möglich und nehmen Sie idealerweise am Schluss Ihrer Ansprache darauf erneut Bezug. Führen Sie dem Publikum vor Augen, dass es nach dem Vortrag etwas weiß oder kann, was andere nicht wissen oder können und dadurch einen Wettbewerbsvorsprung entsteht. Menschen tun sich umso leichter damit, etwas zu verändern, je rascher sie ihren Nutzen erkennen. Dieser kann unterschiedlich gestaltet sein:

1. Versprechen Sie einen Gewinn? Der Zuhörer fragt sich: Sofern ich das Gesagte befolge, macht es mich dann stärker, besser und erfolgreicher?
2. Versprechen Sie Sicherheit? Wird etwas sicherer, verlässlicher oder vorhersehbarer, wenn man den Vorschlägen folgt?
3. Versprechen Sie Verbundenheit? Hat man einen Vorteil in Form von sozialer Geborgenheit und harmonischer Verbundenheit?
4. Versprechen Sie einen Fortschritt? Gibt es Neues zu entdecken oder Abwechslung zu erfahren?

Sprechen Sie den Vorteil, der die Zuhörer erwartet, explizit aus. Gehen Sie nicht davon aus, dass sich dieser schon von alleine erschließt. Der Experte verfügt hoffentlich über Wissen, das die Zuhörer noch nicht haben – er wird die Zuhörer nun in seine Geheimnisse einweihen. Deshalb sollte man die Art und Weise, in der man spricht, den geheimnisvollen Inhalten anpassen und den Zuhörern den Eindruck vermitteln, man würde dieses Wissen exklusiv nur mit ihnen teilen. Dabei kann es hilfreich sein, auf die Zuhörer räumlich zuzugehen, ein wenig leiser zu sprechen oder gar zu flüstern, sodass andere das Gesagte nicht hören können. Verwenden Sie hierbei keine plumpe Formulierung wie „Ihr Vorteil dabei ist, dass …“, sondern artikulieren Sie allgemein, wobei die vorgestellten Inhalte hilfreich sind: „*Wer im ersten Eindruck überzeugt, tut sich im Umgang mit Kunden, Mitarbeitern und Vorgesetzten leichter.*“

Seien Sie sich darüber bewusst, dass Sie über den Einstieg mit den Emotionen Ihrer Zuhörer spielen

Wer eine traurige Geschichte über Schiffbrüchige oder aussterbende Tierarten zum Besten gibt, sollte sich nicht wundern, wenn die Stimmung in den Keller geht.

Wir sehen, was wir glauben: Gestatten, ich bin ...

Nicht immer macht es Sinn, sich selbst vorzustellen. Wenn Sie als Experte auf Ihrem Gebiet gelten, im Veranstaltungsprogramm namentlich genannt werden oder dem Publikum sonst irgendwie bekannt sind, so können Sie die Selbstvorstellung in den meisten Fällen ausfallen lassen. Wer sich selbst vorstellen muss, gibt dadurch zu erkennen, dass er glaubt, dem Publikum wohl noch nicht bekannt zu sein. Ein Stück weit schmälert die Selbstvorstellung also den Status. Oder könnten Sie sich vorstellen, dass jemand wie Angela Merkel, Franz Beckenbauer oder Josef Ackermann auf eine Bühne steigt und dem Publikum erst einmal einen Abriss ihres Lebenslaufs präsentiert? Wahrscheinlich eher nicht. Wenn Sie sich jedoch dafür entscheiden, sich dem Publikum vorzustellen, so sollten Sie Ihre Worte nicht dem Zufall überlassen. In den meisten Fällen überlassen Redner nämlich ihre Selbstvorstellung dem Augenblick, halten diese für eine leichte Übung und entscheiden sich spontan für Worte, die dann in etwa folgendermaßen lauten:

„Guten Abend, meine sehr geehrten Damen und Herren, ich freue mich, dass Sie heute Abend so zahlreich erschienen sind, um meinem Vortrag mit dem Titel ‚Investitionen in die Zukunft' zu lauschen. Da Sie mich noch nicht kennen, möchte ich kurz die Gelegenheit ergreifen, mich Ihnen vorzustellen. Mein Name ist Markus Langweiler. Ich arbeite in dem Unternehmen ... und bin dort für ... zuständig. Zu meinen Hauptaufgaben gehört es ...“.

Wenn wir jetzt die Gedanken der Zuhörer bei diesen Worten berücksichtigen, entsteht folgendes Bild: „Guten Abend, meine sehr geehrten Damen und Herren, ich freue mich, dass Sie heute Abend so zahlreich erschienen sind (Ist das überraschend, dass so viele Menschen hier sind? Haben die Veranstalter mit weniger Leuten gerechnet? Ist das Programm womöglich weniger interessant, als ich angenommen habe?) um meinem Vortrag mit dem Titel ‚Investitionen in die Zukunft' (Überflüssige Information. Ich kann selber lesen, was im Programmheft steht.) zu lauschen. Da Sie mich noch nicht kennen (Oh je, ein unbekannter Experte. Gibt es so etwas überhaupt?), möchte ich kurz die Gelegenheit ergreifen („Kurz"? Na hoffentlich!), mich Ihnen vorzustellen. Mein Name ist Markus Langweiler. Ich arbeite in dem Unternehmen ... und bin dort für ... zuständig. Zu meinen Hauptaufgaben gehört es ... (Gähn!)".

Um es kurz zu machen: So wird das nichts! Zum Ersten hätten Sie mit diesem Einstieg exakt die Erwartungshaltung der Zuhörer getroffen. Wie wir oben jedoch bereits festgestellt haben, ist das nicht gerade ein spannender Startschuss für einen mitreißenden Vortrag. Zum Zweiten haben Sie nicht Pac-Man gespielt und sind nicht im Kopf Ihrer Zuhörer umhergereist, um deren Vorbehalte und Gedanken einzusammeln. Zum Beispiel: *„Manch einer von Ihnen wird sich jetzt vielleicht fragen, was Ihnen die junge Frau da vorne über Prostatakrebs erzählen möchte. Das kann ich gut verstehen – das würde mir an Ihrer Stelle vermutlich genauso gehen. Daher kurz einige Stichworte zu meinem Werdegang ..."* Machen Sie deutlich, dass Sie in der Lage sind, sich in die Situation der Zuhörenden zu versetzen und dass Sie kompetent genug sind, um als Experte zu gelten. Diese Positionierung können Sie beliebig oft erneuern. So zum Beispiel, indem Sie während Ihres Auftritts nebenbei Formulierungen fallen lassen, die sich in etwa folgendermaßen anhören: „*Vor wenigen Wochen habe ich an einer Fachtagung in den USA teilgenommen …*" oder „*Bei meinen Forschungen an der Universität Heidelberg …*"

Sollten Sie Ihren Namen selber nennen, so achten Sie darauf, dass ein kleiner, aber feiner Unterschied zwischen den Formulierungen „mein Name ist Müller" und „ich bin Sandra Müller" besteht. Während die erste Formulierung lediglich den Nachnamen preisgibt und somit recht anonym klingt, offenbart die zweite Variante auch den Vornamen. Studien zufolge macht es sympathisch, wenn man dem Publikum etwas mehr preisgibt, als unbedingt sein müsste – dazu gehört auch die Nennung des Vornamens. Daneben zeugt die Aussage „*ich bin …*" von mehr Selbstbewusstsein und hat eine stärkere Aussagekraft. Sie ist alles in allem der Formulierung „mein Name ist …" vorzuziehen.

Wann immer möglich, sollten Sie sich nicht selbst vorstellen müssen, sondern von jemandem angekündigt werden. Das dahinterstehende Prinzip lautet: „Wir sehen, was wir glauben." Wie gut das funktioniert, möchte ich Ihnen mit diesem Negativbeispiel zeigen: „Wir sind alle froh, dass er endlich wieder unter uns ist; leider musste er ja die letzten Monate ungerechtfertigterweise im Gefängnis verbringen; heute ist der erste Tag auf freiem Fuß und wir sind beeindruckt, dass er sich sofort Zeit für uns genommen hat. Auch wenn Herr Schmittchen die letzten Monate nicht am Berufsleben teilnehmen konnte, so sind wir jedoch sicher, mit ihm einen Experten gewonnen zu haben. Zum Glück veraltet Wissen ja nicht so schnell und so freuen wir uns nun auf seinen Redebeitrag …"

Was glauben Sie, wie die Reaktion des Publikums ausfällt, wenn nun ein vorbestrafter Exhäftling die Bühne erklimmt? Ich würde mal so sagen: Begeisterung sieht anders aus. Natürlich funktioniert das Ganze auch im umgekehrten Sinne: *„Es ist mir eine ganz besondere Freude, dass ich Ihnen nun unseren nächsten Redner ankündigen darf. Er gilt als ausgewiesener Experte auf dem Börsenparkett, hat sein Fachwissen als Vorstand bei der Superbank AG unter Beweis gestellt, zahlreiche Fachbücher veröffentlicht und ist zudem gern gesehener Interviewpartner bei verschiedenen Fernsehsendern“.*

Oft sagen wir, dass wir nur glauben, was wir sehen. Umgekehrt wird ein Schuh draus: Das Publikum sieht, was es glaubt. In diesem Fall entsteht ein erster Eindruck nicht erst dann, wenn Sie die Bühne erklimmen, sondern bereits dann, wenn der Vorstellende ein Bild von Ihnen in den Köpfen Ihrer Zuhörer entwirft. Sie merken außerdem, dass eine andere Person viel dicker auftragen kann, als Sie sich das selbst erlauben könnten. Wenn Sie sich nämlich selbst vorne hinstellen und von sich sagen sollten: „Ich bin ein ausgewiesener Experte auf dem Börsenparkett, habe mein Fachwissen als Vorstand bei der Superbank AG unter Beweis gestellt, zahlreiche Fachbücher veröffentlicht und bin zudem gern gesehener Interviewpartner bei verschiedenen Fernsehsendern“, so würde Ihr Publikum von Ihnen denken, Sie seien ein arroganter Schnösel.

Sofern Sie von jemandem angekündigt werden, so sollten Sie in Ihrem eigenen Interesse dieser Person Informationsmaterial über sich zur Verfügung stellen. Somit können Sie beeinflussen, was über Sie erzählt wird und mit welchen Schwerpunkten Sie vorgestellt werden. Geben Sie am besten nur Stichworte vor und keine ganzen Sätze. So stellen Sie sicher, dass der Vorstellende seine eigenen Worte gebrauchen kann, um die Vorstellung zu vervollständigen. Nur dann hört sie sich authentisch an. Liest Derjenige stattdessen Satz für Satz Ihre Lobeshymnen ab, so ist das mitnichten der Fall.

Vielleicht ist Ihnen schon aufgefallen, dass der Ankündigende manchmal erstaunlich viel über den Redner zu wissen scheint. Da werden plötzlich Geschichten aus der Kindheit hervorgekramt, die sonst niemandem geläufig sind. Das liegt nur selten daran, dass sich der Redner und der Ankündigende schon seit Urzeiten kennen und bereits im Sandkasten miteinander gespielt haben, sondern ist vielmehr dem Umstand geschuldet, dass der Redner perfekt vorbereitetes Material über sich vorgelegt hat.

Die Rednerin Sabine Asgodom zum Beispiel lässt sich gerne mit einer der folgenden Anekdoten ankündigen, die im Übrigen auch auf ihrer Webseite nachzulesen sind: „*Ich freue mich, dass ich Ihnen unsere Referentin Sabine Asgodom vorstellen darf. Im letzten Jahr war sie über 200 Tage geschäftlich unterwegs und sagt von sich selbst, dass sie keinen Stress hat. Sie hat in den zehn Jahren ihrer Selbstständigkeit vor mehr als ‹aktuelle Zahl› Teilnehmern gesprochen, und freut sich immer noch über jede Bühne. Viele ihrer ‹aktuelle Zahl› Bücher wurden Bestseller und wurden unter anderem ins Schwedische, Polnische oder Koreanische übersetzt. Schreiben macht ihr immer noch unheimlichen Spaß. Ihr Buch mit dem Titel ‚Das Glück der Pellkartoffeln. Vom Luxus der Zufriedenheit' ist im September 2009 erschienen.*

Heute möchte Sabine Asgodom uns den Weg zur Zufriedenheit vorstellen und empfiehlt vor allem: Das rechte Maß! Ich wünsche Ihnen einen spannenden und unterhaltsamen Abend." oder „*Schon mit drei Jahren entdeckte unsere Rednerin ihr Trainingstalent: Sie versuchte tagelang geduldig dem Nachbarhund Fiffi, einem weißen Spitz, das Sprechen beizubringen. Schließlich konnte doch ihr Wellensittich auch sprechen! ‚Fifi, sag doch mal Sa-bi-ne!' Inzwischen zählt Sabine Asgodom zu den bekanntesten Erfolgscoaches Deutschlands. Und bis heute ist ihre Hoffnung ungebrochen, dass man reden lernen kann.*

2007 wurde sie als Top-Rednerin zur Entertainerin Nummer 1 in Deutschland gewählt. Und heute wird sie uns zeigen, warum Reden Gold ist. Bitte begrüßen Sie mit mir Sabine Asgodom.“ Anstatt zu riskieren, dass der Vorstellende nur bestimmte Stationen ihres Lebenslauf herunterleiert, sorgt Sabine Asgodom mit diesen Vorgaben dafür, dass in den Köpfen ihrer Zuhörer garantiert die richtigen Informationen verankert und sympathische Bilder erzeugt werden.

Unter den Top-Speakern ist das eine Selbstverständlichkeit: Kämen Sie zum Beispiel je auf die Idee, Brian Tracy zu engagieren, so würden Sie von seinem Büro erst einmal eine seitenlange Anforderungsliste bekommen, worauf Sie bei Veranstaltungen mit Brian Tracy zu achten haben: Darin ist weit mehr als der bloße Ankündigungstext enthalten. Sie finden darin auch Informationen über die gewünschte Raumtemperatur, die bevorzugte Marke Mineralwasser und so weiter und so fort. Das bedeutet, dass professionelle Redner nichts dem Zufall überlassen. Daran sollten Sie sich ein Beispiel nehmen!

> **Tipp:** *Gehen Sie auf Nummer sicher und stellen Sie zum einen die Stichwortliste über Ihre Person frühzeitig zur Verfügung und bringen Sie diese außerdem ausgedruckt zur Veranstaltung mit. Sollte der Vorstellende die Liste nicht dabei haben, können Sie ihm mit Ihrem Exemplar aushelfen.*

Wie Sie Ihre Botschaft rüberbringen: Stilmittel

Eine gute Rede ist wie das Fahren eines flotten Autos mit Gangschaltung. Wir fahren erst einmal in gemächlichem Tempo im ersten Gang los, um dann Zug um Zug das Tempo zu erhöhen. Mit einem ungewöhnlichen Einstieg haben Sie sich schon einmal die Aufmerksamkeit des Publikums gesichert.

Nun ist entscheidend, dass Sie den Mittelteil Ihrer Rede ebenfalls überzeugend gestalten und dabei noch einen Gang höher schalten können.

Es empfiehlt sich, sich in diesem Mittelteil für maximal drei Schlüsselargumente zu entscheiden, die wir im Folgenden auch „Ihre Botschaften“ nennen können. Oftmals sind die Redner so vertraut mit ihrem Thema, dass sie nicht die Argumente auswählen, die für den Zuhörer entscheidend sind. Stattdessen wollen sie gerne alle Argumente platzieren, stiften damit jedoch nur Verwirrung und haben letzten Endes weniger erreicht, als wenn sie „nur“ drei gezielte Argumente zum Einsatz gebracht hätten. Je besser Sie mit „Ihrem“ Thema vertraut sind, umso größer ist die Gefahr, Kernbotschaften für selbstverständlich zu halten und ungesagt zu lassen.

Versetzen Sie sich darum in die Lage Ihres Gegenübers und entscheiden Sie aufgrund seiner Vorkenntnisse und Ihrer Ziele, welche drei Botschaften auf welche Art und Weise zum Besten gegeben werden sollen. Stellen Sie sich vor, Sie seien ein Tennisspieler, der seine drei besten Schläge platzieren möchte. Je besser Sie die Spielsituation beherrschen, desto leichter wird es Ihnen fallen, das Spiel so zu gestalten, dass Ihre besten Schläge optimal zur Geltung kommen.

Orientieren wir uns beispielsweise an einer fünfzehnminütigen Rede, so haben Sie für jede Ihrer drei Kernbotschaften knapp vier Minuten Zeit. Jeweils zwei Minuten müssen wir für die Einleitung und für den krönenden Abschluss bzw. die Zusammenfassung reservieren. Das ist nicht viel Zeit, wenn man bedenkt, dass es wohl kaum ausreichen dürfte, seine Kernbotschaften nur auszusprechen. Vielmehr kommt es sehr darauf an, das Publikum von sich zu überzeugen und ihm darum die Kernbotschaften in Variationen zugänglich zu machen.

Nur dann stellen Sie sicher, dass diese auch tatsächlich in den Köpfen der Zuhörer verankert werden können.

Eine gute Rede besteht also aus:

1. einem ungewöhnlichen Einstieg,
2. einem Hauptteil mit maximal drei Kernargumenten und
3. einem krönenden Abschluss bzw. einer Zusammenfassung.

Widmen Sie sich zunächst einmal der Stoffsammlung: Gehen wir dabei davon aus, dass Sie mit Ihrem Vortragsthema kein persönliches Neuland betreten. Das bedeutet, dass ein Großteil der Informationen, die Sie Ihrem Publikum mitteilen könnten, bereits in Ihrem Kopf vorhanden ist. Vielleicht sind die Informationen noch nicht geordnet; existent sind sie in jedem Fall.

Genau an dieser Stelle würde ich ansetzen, um die ersten Schritte zu gehen. Bevor Sie Fachliteratur wälzen, im Internet stöbern oder andere um Rat fragen, sollten Sie zunächst Ihre eigenen Gedanken sammeln. Am besten gelingt Ihnen die Gedankensammlung mithilfe von Stift und Papier. Notieren Sie in Stichworten alles, was mit dem Thema zu tun hat und schreiben Sie es in beliebiger Reihenfolge auf das leere Blatt. Limitieren Sie sich in dieser Phase nicht und lassen Sie Ihren Gedanken freien Lauf. Machen Sie sich bewusst, dass Sie bereits ein Experte sind, dass Sie logischerweise über viel inhaltliches Wissen verfügen, und übersehen Sie nicht die wichtigste Quelle, die Sie haben: Sie selbst.

Tipp: *Starten Sie eine Vorbereitung nie damit, einen überraschenden Einstieg oder den krönenden Abschluss zu formulieren. Es ist stets einfacher, mit dem Mittelteil zu beginnen und sich von dort aus nach vorne bzw. nach hinten zu arbeiten.*

Erfolgsformel: Relevanz, Brisanz, Substanz

Eine Botschaft hat beste Aussichten auf Erfolg, wenn sie den Dreiklang von Relevanz, Brisanz und Substanz erfüllt:

Relevanz: Ist Ihre Kernbotschaft für Ihr Publikum wichtig und bedeutsam? Spielt das Argument für die Zuhörer eine Rolle? Es wäre zum Beispiel unsinnig, wenn Sie vor einer Gruppe von Schülern referieren und dort die Bedeutung von Führungskompetenz im Zusammenhang mit beruflichen Karriereschritten erklären würden. Natürlich werden sich die Schüler irgendwann einmal mit diesem Thema beschäftigen müssen. Bis dahin haben sie jedoch noch einige Jahre Zeit. Das bedeutet, dass die Kernbotschaft „Führungskompetenz" momentan für die Zielgruppe „Schüler" nicht relevant und damit uninteressant ist. Es handelt sich dabei um keine geeignete Kernbotschaft.

Substanz: Welches Fundament hat Ihr Kernargument? Hält es auch hartnäckigen Nachfragen stand? Ist es wirklich überzeugend und gut untermauert? Die Substanz eines Kernarguments ist eng mit einer guten Vorbereitung und der Fachkompetenz des Redners verknüpft. Substanz gibt es daher in zweierlei Hinsicht: Einmal im Hinblick auf den Redner (auch Kompetenz genannt) und im Hinblick auf sein jeweiliges Argument.

Brisanz: Eine Nachricht ist brisant, wenn sie einen zeitgemäßen Bezug und hohe Aktualität besitzt. Es ist zum Beispiel schwierig, vor seinen Mitarbeitern im Januar über die Bedeutung eines erfolgreichen Jahresabschlusses zu sprechen, der erst elf Monate später ansteht.

Eine Kernbotschaft sollte stets so kurz sein, dass sie aus maximal zehn Worten besteht. Zu Beginn wird Ihnen das viel zu kurz vorkommen. Zwingen Sie sich dann, Ihre Botschaft so lange zu kürzen, bis nur noch zehn Wörter übrig geblieben sind. Diese Kürzung zwingt Sie dazu, noch mehr Klarheit über Ihre Botschaft zu erlangen und erleichtert es dem Publikum, Ihre Botschaft zu verstehen!

Fazit: *Die persönlichen Erfolgsfaktoren bestehen aus Sympathie, Authentizität und Kompetenz. Der Erfolg einer Kernbotschaft ermittelt sich aus deren Relevanz, Brisanz und Substanz sowie aus der Art und Weise, wie die Kernbotschaft vermittelt wird. Beides zusammengenommen ergibt den Erfolg eines Redners und die Effektivität seiner Ansprache.*

Reiten Sie Trojanische Pferde

Wenn Sie sich für drei Kernbotschaften mit Relevanz, Brisanz und Substanz entschieden haben, stellt sich die Frage, mit welchen Methoden man diese am besten in die Köpfe der Zuhörer transportiert. Die nachfolgend vorgestellten Methoden könnte man auch als „Trojanische Pferde“ bezeichnen. Das Trojanische Pferd war in der griechischen Mythologie ein hölzernes Pferd, in dessen Bauch Soldaten versteckt waren. Die Trojaner jubelten voreilig, als sie das hölzerne Pferd als vermeintliches Beutestück innerhalb ihre Stadtmauern brachten. Nachts jedoch öffneten die darin versteckten Griechen die Stadtmauern Trojas von innen und ließen das Heer ihrer Landsleute ein. Mit dieser Kriegslist gewannen die antiken Griechen den Trojanischen Krieg.

Die Frage ist nun, mit welcher List Sie Ihren „Krieg“ gewinnen möchten? Anbei eine Auswahl geeigneter Methoden, mit denen Sie Ihre Botschaften in ein jeweils anderes Gewand kleiden können. Natürlich können Sie jede Ihre Botschaften auch mehrmals „umkleiden“ und einer Botschaft immer wieder ein anderes Gewand überstülpen bzw. mit einer anderen Methode in die Köpfe der Zuhörer transportieren. Diese Methodenvielfalt etwa macht es erst möglich, dass man ein- und dieselbe Botschaft in vielen verschiedenen Variationen wiederholen kann und sollte.

Zahlen: Haben Sie gewusst, dass es im Vatikan 15.000 verschiedene Räume gibt? Eine beeindruckende Zahl, oder? Denken Sie, dass Sie diese Zahl immer noch exakt parat hätten, wenn man Sie am Ende dieses Buchs danach fragt? Wahrscheinlich nicht. Kein Wunder, denn Zahlen sind abstrakt, darum nur schwer vorstellbar und erst recht kompliziert zu merken. Ganz anders sieht das aus, wenn es uns gelingt, Zahlen zu verbildlichen. Das würde sich dann folgendermaßen anhören: *„Im Vatikan gibt es so viele Räume, dass man 40 Jahre lang täglich ein anderes Zimmer bewohnen könnte und selbst dann noch nicht alle Räume gesehen hätte.“* Jetzt klingt das doch schon wesentlich interessanter!

Sehen wir uns noch ein anderes Beispiel an: „Der amerikanische Staat hat 34 Milliarden Dollar ausgegeben.“ Nun gut, es leuchtet uns ein, dass 34.000.000.000,00 Dollar eine Zahl mit vielen Nullen sein muss. Aber wirklich vorstellen können wir uns die Summe nicht. Mit einer kleinen Abwandlung wird das schon sehr viel leichter: *„Die Geldsumme, die der amerikanische Staat ausgab, entspricht 34 Dollar je Minute – und das seit Christi Geburt.“*

Oder: „... eine Milliarde Euro Gesamtvermögen kann das Unternehmen sein Eigen nennen ...“ wird zu *„... eine Milliarde Euro Gesamtvermögen bedeutet: Würden wir einen Turm* *aus 2-Euro-Stücken bauen, so wäre dieser so hoch wie die Zugspitze ...*"

Oder: „Die Sonne gibt jährlich 1018 kWh Sonneneinstrahlung auf die Erde ab ..." wird zu „ ... *die Sonne gibt in einem Jahr 7.000-mal mehr Energie an die Erde ab, als die Menschen innerhalb eines Jahres verbrauchen.*"

Jede Zahl muss also vorstellbar gemacht werden. Sonst gehen dem Zuhörer insbesondere bei größeren Summen alsbald die Dimensionen verloren. Als Vergleich bieten sich zum Beispiel die Fläche eines Landes an („... *die vernichtete Waldfläche entspricht in etwa der Größe von Baden-Württemberg*"), Einwohnerzahlen („... *hiervon sind so viele Menschen betroffen, wie in ganz Deutschland leben*") oder auch Durchschnittseinkommen (... *so viel, wie 500 Arbeitnehmer im Laufe ihres Erwerbslebens zusammengenommen verdienen.*").

Statistiken: Zahlen im Allgemeinen können sehr hilfreich sein, um einer Sache die richtige Bedeutung zu geben, um Informationen präzise zu vermitteln, mehr Glaubwürdigkeit zu verbreiten und überzeugend argumentieren zu können. Statistiken bringen jedoch auch das Problem mit sich, dass sie für sich genommen häufig abstrakt bleiben. Daher können Sie mit einer Statistik alleine keine Überzeugungsarbeit leisten. Eine Statistik ist stets nur dafür geeignet, bereits Gesagtes zu untermauern und zu beweisen. Es löst Sie nicht von der Verantwortung, Zahlen vorstellbar zu machen (siehe oben).

Bezug nehmen: „*Wie man erst kürzlich in einer Studie der Harvard-Universität herausgefunden hat, ist ...*" oder „*Herr Dr. Anton Schmidt, ein renommierter Wirtschaftsexperte, sagte im Mai im Interview mit der Süddeutschen Zeitung ...*"

Mit dieser Variante haben Sie einen cleveren Schachzug gewählt. Indem Sie auf eine anerkannte Autorität oder einen Experten Bezug nehmen, beweisen Sie, dass Ihr Thema relevant ist und auch große Gemüter nachhaltig beschäftigt. Idealerweise können Sie sogar zum Ausdruck bringen, dass diese Ihre Sichtweise teilen. Doch Vorsicht! Wenn Sie so enthusiastisch mit den Zitaten anderer Leute um sich werfen, bleibt ein fader Nebengeschmack. Zu viel des Guten lässt den Eindruck entstehen, dass man Ihrer eigenen Meinung noch nicht ausreichend Bedeutung zumessen könnte, als dass man diese allein befolgen könnte. Zitieren Sie außerdem nur Persönlichkeiten, die man nicht mehr aufwendig erklären und vorstellen muss, sondern die dem Publikum ein Begriff sind. Wägen Sie sorgfältig ab, ob das Zitat selbsterklärend und unterhaltsam ist. Auf ausschweifende Theorien haben Ihre Zuhörer keinen Appetit.

Erzählen Sie Geschichten: Erzählen Sie Geschichten davon, was anderen Leuten passiert ist oder was Sie kürzlich selbst erlebt haben. Persönliche Geschichten verleihen einer Botschaft eine persönliche Note. Im Übrigen sind es genau diese Geschichten, die dem Zuhörer am Ende in Erinnerung bleiben. Oft können wir noch Jahre später von einem Vortrag berichten und erinnern uns dabei ausschließlich an genau diese Erzählungen.

Ich selbst erinnere mich noch genau daran, dass ich vor etwa fünf Jahren einen Vortrag von Ulrich Wickert besuchte und dieser damals eine Geschichte über einen Altglascontainer erzählte. Vom Rest des Vortrags weiß ich nicht mehr viel, obwohl er mir damals durchaus interessant erschien – die Geschichte jedoch könnte ich sofort wieder zum Besten geben. Auch die Zuhörer von Sabine Asgodom werden die Geschichte von „Fiffi, dem Nachbarshund“ nicht so schnell wieder vergessen. Die Theorie verblasst – Geschichten bleiben. Geschichten sind prima, wenn man sie gut erzählt. Achten Sie einmal auf den Unterschied:

- „Ein Teilnehmer sagte neulich zu mir, dass er mit dem Thema ‚Wetter' noch nie einen guten Small Talk in Gang gesetzt hätte." (Indirekte Rede)
- „Ein Teilnehmer sagte zu mir: ‚Frau Lüdemann, mit dem Thema Wetter habe ich noch nie einen guten Small Talk in Gang gesetzt.'" (Direkte Rede)

Eine indirekte Rede ist nichts weiter als ein Bericht. Eine direkte Rede ist eine Geschichte. Wann immer es geht, sollten Sie Geschichten also in Dialogform und in direkter Rede wiedergeben!

Stellen Sie Fragen: Wenn Sie Ihr Publikum richtig gespannt auf Ihre Aussage machen möchten, so geben Sie diese nicht direkt preis, sondern bauen Sie den Spannungsbogen auf. Zum Beispiel: „*Lassen Sie mich Ihnen eine Frage stellen. Wer ist der wichtigste Mensch in Ihrem Leben? Was sagen Sie? Welche Person aus Ihrem Umfeld ist diejenige, die Ihnen am nächsten steht? (Nun gibt das Publikum Kommentare ab). A-ha, Sie meinen, es ist Ihre Frau? Oder Ihr Lebensgefährte? Gut. Wer noch? Ah, ich höre, es sind die Eltern. Nun … all Ihre Antworten sind prima: Ich denke nur leider, dass sie falsch sind. (Selber lachen, dann kommt Gelächter aus dem Publikum). Der wichtigste Mensch ist nicht der, den Sie soeben genannt haben. Der wichtigste Mensch in Ihrem Leben sind Sie selbst …*" Würden Sie alternativ direkt mit der Botschaft „Der wichtigste Mensch in Ihrem Leben sind Sie selbst" aufwarten, würde sich das lange nicht so spannend anhören!

Bieten Sie Vergleiche an: Manchmal fällt es Zuhörern leichter, etwas Neues zu akzeptieren, wenn sie darin eine Parallele zu Altbekanntem erkennen können. Zeigen Sie also Ähnlichkeiten zu Dingen auf, an die das Publikum bereits glaubt oder die unumstritten sind. Zum Beispiel: „... *auch die Anschnallpflicht war damals in Deutschland sehr umstritten. Heute wissen wir, dass sie Leben gerettet hat.*“ Darüber hinaus können Vergleiche benutzt werden, um Heiterkeit zu verbreiten. Zum Beispiel: „... *Das ist ja, als würden Sie versuchen, einem Hund das Sprechen beizubringen.*“ Übrigens ist Letzteres ein Stilmittel, das Comedians sehr gerne einsetzen, um einem Witz zu noch mehr Bedeutung zu verhelfen bzw. dessen Abstrusität deutlich zu machen.

Zeigen Sie Kontraste auf: Kontraste können verwendet werden, um den Unterschied zwischen Dingen deutlich zu machen. Zum Beispiel: „*In einer Luxuslimousine kommt man mit einer Tankfüllung von fünf Litern keine zwölf Kilometer weit – in einen Kleinwagen kann man damit die 100 Kilometer lange Strecke zwischen Heilbronn und Frankfurt zurücklegen.*“

Machen Sie etwas vor: Wenn ich in meinen Seminaren über die Bedeutung einer geschlossenen Körperhaltung referiere, wäre das nur halb so wirksam, wenn ich dabei nur über die Theorie sprechen würde. Selbstverständlich könnte ich zu meinem Publikum sagen, dass es sich nun einmal mit aller Konzentration vorstellen sollte, wie es wirken würde, wenn ich mit verschlossenen Armen, gesenktem Blick und mürrischer Miene vor ihm stünde – ich glaube jedoch nicht, dass ich mit zufriedenstellenden Antworten rechnen sollte. Es wäre einfach ein bisschen schwierig, so viel Vorstellungskraft einzufordern, wenn man genauso gut vormachen kann, wie das in der Realität aussieht.

Es ist deutlich wirksamer, sich mit verschlossenen Armen, gesenktem Blick und mürrischer Miene hinzustellen und zu fragen: „Welchen Eindruck haben Sie in diesem Moment von mir?"

Demonstrieren Sie etwas: Wann immer es möglich ist, können Sie dem Publikum Experimente anbieten. Sicher erinnern Sie sich noch, dass es im Physik- und Chemieunterricht in der Schule immer dann am spannendsten war, wenn etwas experimentiert und zusammengebraut werden konnte, wenn es kleine Explosionen gab oder plötzlich jemand unter Strom stand. Vor vielen Jahren hat es mich einmal nachdrücklich beeindruckt, in einem Seminar über positive und negative Energie informiert zu werden. Ein Teilnehmer wurde nach vorne gebeten und musste einen Arm seitlich ausstrecken. Als man ihm einen lachenden Smiley zeigte und dann versuchte seinen Arm nach unten zu drücken, gelang das nicht. Als man ihm einen traurigen Smiley zeigte, war es dagegen ein Leichtes. Es muss also nicht zwingend – wie im Chemieunterricht – rauchen und dampfen; auch „kleinere" Demonstrationen verfehlen ihre Wirkung nicht.

Zeigen Sie Humor: Humor muss nicht zwingend nur in Geschichten stecken. Man kann auch „nebenbei" amüsant sein. Zum Beispiel: „*Haben Sie jemals an einem Drive-in-Schalter eines Fast-Food-Restaurants Ihre Bestellung aufgegeben und wurden dabei kläglich missverstanden? Nun, ich kann Ihnen den Namen der Fast-Food-Kette in diesem Fall nicht nennen, aber Sie fing mit ‚M' an …*" oder „Letzten Freitag ist mir etwas sehr Unangenehmes widerfahren. Natürlich werde ich das Erlebnis darum nun mit Ihnen teilen… (Pause, weil das Publikum jetzt lachen darf!)" Denken Sie jedoch daran, dass Sie vom Publikum nur das zurückbekommen, was Sie ihm vorleben. Wenn Sie Ihre humorvolle

Bemerkung mit bierernstem Gesicht vortragen, so dürfen Sie sich nicht wundern, wenn auch das Publikum regungslos bleibt.

Verwenden Sie niemals Abkürzungen und keinerlei Fachjargon: Ich weiß, so mancher Leser denkt in diesem Augenblick, dass die Fachsprache in seinem Kontext kein Problem ist, weil jeder seiner Zuhörer mit ihr vertraut ist. Das mag schon sein und ist sicherlich schon mal besser, als wenn das Publikum nur Bahnhof versteht. Trotzdem müssen auch Sie den Weg in den Kopf Ihrer Zuhörer finden und es ist eine unumstößliche Tatsache, dass Abkürzungen und ein Fachjargon die Verständlichkeit erschweren, weil sie nicht dem natürlichen Aufnahmeprozess von Informationen entsprechen. Natürlich dürfen Sie allgemeine Abkürzungen wie „USA" stehen lassen und müssen nicht plötzlich umformulieren in „Die Vereinigten Staaten von Amerika" – das würde sich dann wohl wirklich seltsam anhören. Bei solchen Begrifflichkeiten dürfen wir davon ausgehen, dass sie tatsächlich jedermann bekannt sind.

Geben Sie Definitionen, wenn Mehrfachdeutungen oder persönliche Interpretationen möglich sind: Wenn ich zum Beispiel von einem „souveränen Auftreten" spreche, so muss ich dem Publikum erklären, was ich unter Souveränität verstehe. Für mich ist das der Dreiklang aus Sympathie, Kompetenz und Authentizität. Ein anderer versteht darunter womöglich die Souveränität von Staaten (und damit die Unabhängigkeit von Staaten) und würde meinen weiteren Worten eine ganz andere Bedeutung beimessen.

Verwenden Sie Visualisierungen: Wenn Sie eine Präsentation zeigen, haben Sie den Vorteil, dass Ihre Zuhörer die Botschaft nicht nur hörend, sondern auch sehend vernehmen können. Visualisierungen unterstützen das Interesse der Zuhörer, sie verankern Botschaften in „doppelter“ Hinsicht und zeigen dem Zuhörer permanent, an welchem Punkt sich der Vortrag gerade befindet. Das setzt jedoch voraus, dass eine Präsentation inhaltlich gut gemacht ist.

In den meisten Fällen sind Präsentationen alles andere als gut gemacht. Da werden technische Schaubilder gezeigt, Abkürzungen, Fremdwörter, zahlreiche Substantive, überladene Folien, zu viele Folien, Statistiken und Zahlen verwendet, die das Interesse der Zuhörer nicht verstärken, sondern nur schwinden lassen. Ein schwacher Redner braucht nach seinem Gefühl umfassende Hilfsmittel und neigt zu großen Präsentationen. Ein guter Redner verzichtet nicht selten vollständig auf jedwede Power-Point-Schlacht. Das bedeutet, dass eine Präsentation keinesfalls ein Zeichen von Kompetenz sein muss, sehr viel häufiger ist das Gegenteil der Fall. Das Problem einer Präsentation steckt immer auch darin, dass sie dem Redner Aufmerksamkeit abzieht. Der Zuhörer muss sich permanent entscheiden, ob er auf die Folie oder den Redner blicken soll. Je voller die Folie ist, umso geringer ist die Konzentration auf den Redner. Folgende Hygienefaktoren gelten für Ihre Präsentation:

- Verwenden Sie nur Stichworte, niemals ganze Sätze.
- Meiden Sie Hauptwörter. Wann immer es geht, sollten die Adjektive und Verben einsetzen. Wörter, die auf „-ung“, „-heit“ und „-keit“ enden, sollten nach Möglichkeit sogar immer umformuliert werden (zum Beispiel Unternehmung, Jahresauftaktveranstaltung, Sitzung, Substituierbarkeit, Planung, Beschäftigung, Auswirkung, Sicherung, Mitarbeiterqualifizierung). Diese gelten aus kommunikativen Gesichts-

punkten als abstrakt. Genau hier steckt einer der häufigsten Fehler, die man in Präsentationen findet. Da ist die Rede von „Audits und Geschäftsprozess-Optimierungen", „Spar- und Kostensenkungs-Programmen" und von der „Kompensation schwieriger Marktbedingungen". Formulieren Sie unbedingt aktiv und verwenden Sie motivierende Formulierungen statt passiver und abstrakter Substantive. Zum Beispiel: Anstatt „Planung erreichen und Beschäftigung sichern" könnte man wesentlich besser formulieren „Ausblick für 2012: Wie wir miteinander erfolgreich sein wollen".

- Verwenden Sie maximal fünf Zeilen auf einer Folie.
- Ein heller Hintergrund ist besser zu erkennen als ein dunkler Hintergrund. Insbesondere bei schwierigen Lichtverhältnissen erleichtert das die Lesbarkeit.
- Verwenden Sie Bilder. Nicht nur in Ihrer Sprache, sondern auch in Ihrer Präsentation.
- Lassen Sie die Präsentation von anderen Korrektur lesen. Sie selbst sehen stets nur das, was auf der Folie stehen soll, und überlesen darum die Fehler. Ein mündlicher Fehler in Form eines Versprechers ist nicht weiter schlimm. Ein Fehler „Schwarz auf Weiß" dagegen schon.
- Sprechen Sie zu Ihren Zuhörern, nicht zu Ihrer Präsentation. Zwei Drittel aller ungeübten Redner wenden ihrem Publikum den Rücken zu und reden leidenschaftlich in Richtung Wand bzw. Präsentation. Sie selbst müssen so tun, als hätten Sie gar keine Präsentation dabei. Diese spielt sich alleine in Ihrem Rücken ab und ist eine Unterstützung für die Zuhörer – nicht für Sie selbst.
- Einem gut vorbereiteten Redner soll es natürlich erst gar nicht passieren, dass er nicht weiß, welcher Aufzählungspunkt oder welche Folie die nächste ist. Falls nötig, bringen

Sie sich einen Ausdruck der Folien mit (nicht eine Seite pro Folie, sondern fassen Sie vier Folien je Ausdrucksseite zusammen) und legen diesen für sich sichtbar bereit. Blättern Sie immer dann um, wenn eine neue Folie ansteht. Ansonsten müssen Sie womöglich auf einmal mehrere Blätter umschlagen, um wieder auf das Laufende zukommen – das könnte zu unangenehmen Pausen führen. Ich rate davon ab, sich in die Präsentation selbst Notizen zu schreiben, die dann zwar für das Publikum nicht sichtbar sind, jedoch für den Präsentierenden Hilfestellung sein sollen. Ich mache immer wieder die Erfahrung, dass sich die Redner dadurch zu sehr an ihrem Laptop festklammern und ihnen dadurch Präsenz und Dynamik verloren gehen.

- Lesen Sie niemals von der Präsentation an der Leinwand ab – allenfalls werfen Sie einen Blick auf den Laptop vor sich. Sie sollten die Inhalte nahezu auswendig beherrschen. Es ist nicht notwendig, die Formulierungen auf der Präsentation Wort für Wort wiederzugeben, eine sinngemäße mündliche Wiederholung reicht völlig aus.
- Stellen Sie sich nicht in das Scheinwerferlicht des Beamers. So mancher Redner meint, das sei ein interessantes Stilmittel. Lassen Sie mich ein für alle Mal klarstellen: Das ist es nicht! Ihr Publikum kann Sie gar nicht richtig erkennen, sondern sieht nur die Buchstaben über Ihren Körper tanzen.

Tipp: *Führen Sie Ihre Präsentation stets zusätzlich auf einem USB-Stick mit sich. Am besten, Sie speichern darauf verschiedene gängige Formate ab (zum Beispiel PDF und Power-Point), sodass man die Präsentation notfalls auch auf einem anderen Computer vor Ort abspielen könnte. Wenn mehrere Redner hintereinander auftreten, sollten Sie niemals „zwischendrin“*

vor dem Publikum mit der Technik hantieren. Stellen Sie dem Veranstalter vorab Ihre Präsentation zur Verfügung und bitten Sie ihn, diese auf dem Laptop vor Ort aufzuspielen. Wir alle haben schon zu oft miterlebt, wie die Technik einen Streich spielte und einen Redner beobachtet, der auf der Bühne Blut und Wasser schwitzte und die Präsentation im schlimmsten Fall gar nicht mehr zum Laufen brachte. Wenn Sie für das Publikum sichtbar werden und die Bühne betreten, ist Showtime! Für Vorbereitungen ist es dann zu spät. Das bedeutet auch, dass eine Präsentation nur als Unterstützung gedacht sein kann – sie darf niemals unverzichtbares Element sein. Sollte auf einen Schlag der Beamer kaputtgehen oder der Laptop ausfallen, so müssen Sie immer noch in der Lage sein, einen astreinen Auftritt zum Besten zu geben.

Nicht jeder Auftritt braucht eine visuelle Unterstützung! Greifen Sie darum nur dann auf Präsentation zurück, wenn diese Ihren Vortrag wirklich bereichern. Nur dann, wenn die Präsentation Ihren Zuhörern hilft, das Gesagte besser zu verstehen, zu akzeptieren oder einem Appell Folge zu leisten, macht sie Sinn.

Neben der Präsentation gibt es weitere Visualisierungsmittel: seien es Flipcharts oder der Tageslichtprojektor. Flipcharts bieten sich für spontane Erklärungen an – vorbereitete bzw. vorgeschriebene Flipchart-Papiere halte ich für weniger geeignet. Bei einem großen Publikum sind diese nur für die ersten Reihen erkennbar und sichtbar und mit ihnen geht stets ein etwas zu praktischer Charme einher. Auch den Tageslichtprojektor halte ich mittlerweile für ein veraltetes Medium und daher für eher nicht ratsam. Der Verdacht: Wer mit angestaubten Methoden arbeitet, ist womöglich selbst fachlich nicht ganz auf dem Laufenden …

Diskutieren Sie ein Problem und bieten Sie eine Lösung an: Beschreiben Sie das Problem und erklären Sie, warum das Problem auch für die Zuhörer eines ist. Zum Beispiel, weil es sie Sympathien, Zeit oder Geld kostet. Damit Sie überhaupt jedoch eine Chance haben, Ihre Zuhörer für die Lösung eines Problems zu begeistern, müssen Sie diese erst davon überzeugen, dass es tatsächlich ein elementares Problem gibt. Probleme sind immer dann elementar, wenn eine große Anzahl von Leuten von ihnen betroffen ist oder wenn es zumindest die Zuhörer selbst betrifft. Zuerst muss also das Problem klar werden, bevor Lösungen präsentiert werden können. Sofern Ihr Ziel lautet, die Zuhörer zu informieren, ist es ausreichend, verschiedene Lösungsansätze zu skizzieren. Sofern Ihr Ziel jedoch ist, von einer ganz bestimmten Lösung zu überzeugen, müssen Sie auf diese eine Lösung mehr Zeit verwenden als auf alle anderen und deutlich machen, warum diese gegenüber anderen zu bevorzugen ist.

Zeigen Sie Vorteile in Form von Vergleichen auf: Diese Methode ist von der zu unterscheiden, in der Sie Vergleiche zu etwas aufzeigen, an das die Zuhörer bereits glauben. Indem man durch die bekannte Parallele Sicherheit verleiht, eignet sich der Vergleich dafür, von etwas zu überzeugen, für das die Zuhörer in diesem Moment noch nicht aufgeschlossen waren. Wenn Sie die hier vorgestellte Methode wählen und Vorteile in Form von Vergleichen aufzeigen, so ist das insbesondere dann empfehlenswert, wenn die Zuhörer bereits in die gewünschte Richtung tendieren und mit Ihren Argumenten übereinstimmen. Zum Beispiel: Sie möchten Ihre Zuhörer (Vorgesetzten) davon überzeugen, dass diese das neue EDV-Systemen einführen. Das könnte sich dann folgendermaßen anhören:

1. Das EDV-System spart Zeit – mehr als das der anderen Anbieter.
2. Ein zeitlich begrenztes Angebot ermöglicht es, dass wir das Startpaket preisgünstiger erwerben können, als das zu einem späteren Zeitpunkt möglich wäre.
3. Der Anbieter garantiert uns bei Fragen eine 24-Stunden-Hotline – das ist weitaus mehr Service, als derzeit am Markt normal ist.

Geben Sie Aussagen vor, denen das Publikum beipflichtet: Treffen Sie Aussagen, denen das Publikum zustimmt und zaubern Sie dann die logische Konsequenz aus dem Hut, die sich daraus ergibt. Zum Beispiel:

1. Wir möchten mit dem neuen EDV-System Zeit sparen.
2. Wir möchten so wenige finanzielle Mittel hierfür aufwenden wie nötig.
3. Wir möchten bei Fragen so schnell wie möglich Hilfestellung bekommen.

Dem Sprecher ist klar, dass die Zuhörer diesen drei Aussagen zustimmen und bei jeder Aussage innerlich „ja“ rufen. Nun wird das Kaninchen hervorgezaubert:

1. Das EDV-System von Technikmax macht 20 Prozent Zeitersparnis möglich.
2. Mit dem EDV-System von Technikmax erhalten wir ein Angebot, das uns den Erwerb sehr günstig gestattet.
3. Das EDV-System von Technikmax bietet uns eine 24-Stunden-Hotline, die uns jederzeit mit Rat und Tat zur Seite steht.

Argumentieren Sie mit der Negativmethode: Hierbei zeigen Sie auf, dass andere Alternativen (in diesem Fall andere Anbieter) weitaus schlechter sind als Ihre eigenen Vorschläge. Zum Beispiel:

1. Es wäre nicht zufriedenstellend, durch die Einführung eines neuen EDV-Systems weniger als zehn Prozent Zeit einzusparen.
2. Es wäre überzogen, für ein neues EDV-System mehr als 15.000,– Euro zur Verfügung zu stellen.
3. Es wäre riskant, sich auf einen Kundendienst zu verlassen, der lediglich drei Tage die Woche im Einsatz ist.

Steter Tropfen höhlt den Stein: Wir sind nicht nur für das verantwortlich, was wir sagen, sondern auch dafür, wie es bei den Zuhörern ankommt. Sorgen Sie dafür, dass Ihre Botschaften bei Ihrem Publikum ankommen, indem Sie für Wiederholungen sorgen. Natürlich würde es das Publikum langweilen, wenn Sie permanent exakt die gleichen Worte wiederholen würden. Also müssen Sie es schaffen, Wiederholungen in Variationen zu bieten und verschiedene Wahrnehmungskanäle ansprechen: „Können Sie sehen ... wenn Sie das hören ... das klingt doch gut ... das fühlt sich gut an ... das geht durch Kopf und Herz ...“ Der Kern des Gesagten bleibt gleich, die Botschaft wird nur auf anderem Wege transportiert. Nutzen Sie Beispiele, Vergleiche, Statistiken, Geschichten, nehmen Sie Bezug auf Experten und erzählen Sie von Studien. Der Hintergrund hierfür ist der, dass jeder einzelne Zuhörer andere Wege bevorzugt, wie ihm die Botschaft vermittelt wird. Indem Sie variieren, stellen Sie sicher, dass Sie den Kommunikationskanal zu jedem Einzelnen finden und Ihre Botschaft verstanden wird.

Der krönende Abschluss

Der erste Eindruck prägt, der letzte Eindruck bleibt. Viele Redner sind so froh, dass es nun endlich „vorbei“ ist, dass sie sich im letzten Moment noch um Kopf und Kragen reden und überstürzt das Podium verlassen. Wie auch der Einstieg wird der Abschluss häufig dem Zufall überlassen. Ein großer Fehler: Denn gerade jetzt ist Ihnen die Aufmerksamkeit sicher und will genutzt werden. Klassische Fehlformulierungen sind beispielsweise:

- „Meine sehr geehrten Damen und Herren, ich bin fertig ...“ Kommentar: Im wahrsten Sinne des Wortes?
- „Ich bin am Ende ...“ Kommentar: Ach wirklich? Sie sind am Ende? Gilt das nur für Ihre Rede, oder auch für Ihren persönlichen Zustand?
- „Ich hoffe, dass etwas Interessantes für Sie dabei war ...“ Kommentar: Dessen sollte sich ein Redner aber schon sicher sein.
- „Das ist alles.“ Kommentar: Mehr haben Sie nicht zu sagen? Sind Sie am Ende mit Ihrem Latein?
- „Haben Sie noch Fragen?“ Kommentar: Niemand? Na, dann war der Vortrag wohl nicht so interessant.

Alles in allem hören sich so jedenfalls keine krönenden Abschlüsse an! Immer dann, wenn das Publikum bemerkt, dass sich der Vortrag dem Ende neigt, spitzt es seine Ohren. Es erwartet nun eine Zusammenfassung des Gesagten. Diese Erwartungshaltung sollte jeder Redner erfüllen, der exakt in diesem Moment die besten Karten hat, um einen nachhaltigen Appell an das Publikum zu adressieren.

Fassen Sie Ihre Kernbotschaften zusammen: Wiederholen Sie Ihre drei Hauptargumente. Zum Beispiel: *„Ich fasse zusammen:*

Zum Ersten … zum Zweiten … zum Dritten …" Idealerweise formulieren Sie das Ganze aus der Sicht Ihrer Zuhörer. Diese interessieren sich nämlich am meisten für IHRE Vorteile.

Fragen Sie niemals unvorbereitet ins Blaue hinein: Schon so manche Rede ist an der Alles-oder-Nichts-Frage an das Publikum „Gibt es noch Fragen?" gescheitert und hat in den letzten Sekunden einen schalen Nachgeschmack hinterlassen. Es ist unangenehm, hier statt interessierter Rückfragen nur Schweigen zu ernten. Schnell legt sich eine betretene Stimmung über den Saal und erweckt den Eindruck, allzu viel Interesse sei nicht vorhanden. Achten Sie darauf, dass ein Veranstalter Sie nicht aus Versehen in die Bescherung „hineinreitet". Manchmal entwickeln Beteiligte, die mit der Abmoderation beauftragt sind oder noch Dankesworte sprechen, hier eine gut gemeinte, aber unglückliche Selbstständigkeit. Stellen Sie gegebenenfalls im Vorfeld im Vieraugengespräch klar, wie Sie sich die Abwicklung von Fragen aus dem Publikum vorstellen.

Sollte es ausdrücklich gewünscht sein, dass das Plenum noch Gelegenheit bekommt, in großer Runde Fragen zu stellen, so beherzigen Sie folgenden Ratschlag: Stellen Sie die „Frage nach der Frage" vor Ihrem „krönenden Abschluss". Sollte sich niemand finden, der sich meldet, so ist das noch kein Beinbruch. Zuhörer empfinden häufig Scheu, sich aus einer anonymen Masse herauszuheben und eine persönliche Frage vor den Ohren aller zu stellen. Streichen Sie dann nicht die Segel, sondern verfahren Sie folgendermaßen: Zaubern Sie eine Frage hervor, die Sie Ihrerseits an das Publikum stellen. Dies kann eine rhetorische Frage sein, die Sie dann selbst beantworten. Sie könnten diese zum Beispiel mit den Worten einleiten: „*Oft wird mir vom Publikum die Frage gestellt, wie … Das ist eine gute Frage. Denn tatsächlich …*" Hierdurch ermutigen Sie das Publikum, nun seinerseits auch nachzufragen. Fragen Sie kein zweites Mal, ob es noch Fragen gibt. Ergeben sich keine, so gehen Sie zum „krönenden Abschluss“ über.

Lassen Sie das Publikum mit dem Wunsch zurück, noch mehr hören zu wollen: Das beste Kompliment, das Sie zu hören bekommen können, ist, dass man Ihnen gern noch länger gelauscht hätte. Dieser Wunsch wird insbesondere dann geweckt, wenn man das Bedürfnis des Publikums nach Bildern und Emotionen stillt. Im Prinzip können Sie daher alle Vorschläge für den gelungenen Einstieg auch auf den krönenden Abschluss anwenden. Zum Beispiel:

- *Verwenden Sie rhetorische Fragen:* Eine solche Frage wird nicht gestellt, um sie explizit und laut vom Publikum beantworten zu lassen, sondern vielmehr, um die Teilnehmer dazu zu bewegen, die Frage innerlich zu beantworten und damit mehr oder weniger freiwillig vor sich selbst ein Statement abzugeben.
- *Geben Sie einen Ausblick:* Beziehen Sie sich auf den Anlass der Veranstaltung. Handelt es sich zum Beispiel um ein fünfjähriges Jubiläum, so können Sie einen Blick in die Zukunft wagen und mutmaßen, was die nächsten fünf Jahre so bringen könnten.
- *Humor schadet nie:* Erzählen Sie eine amüsante Anekdote oder eine Geschichte, mit der Sie einen Bezug zum Gesagten oder zum Anlass der Veranstaltung herstellen oder über die Sie einen Blick in die Zukunft werfen können. Auch Zitate machen dies möglich.
- *Platzieren Sie einen Appell und rufen Sie zum Handeln auf:* Sofern Sie wollen, dass Ihr Publikum nach Ihren Worten zu einer Tat schreitet, so müssen Sie es aktiv dazu auffordern

und ihm sagen, was konkret zu tun ist. In Verbindung mit einem Zitat könnte das dann folgendermaßen lauten:

„Der französische Schauspieler Molière sagte: ‚Wir sind nicht nur verantwortlich für das, was wir tun, sondern auch für das, was wir nicht tun.‘ In diesem Sinne möchte ich an Sie appellieren: Lassen Sie uns nicht länger untätig bleiben. Es ist an der Zeit, zu handeln. Gemeinsam können wir die Welt verändern.“

„Johann Wolfgang von Goethe formulierte einst treffend: ‚Es ist nicht genug zu wissen – man muss auch anwenden. Es ist nicht genug zu wollen – man muss auch tun.‘ Lassen Sie uns gemeinsam zur Tat schreiten. Die Zeit ist ganz sicher reif dafür.“

„Henry Ford prägte den Spruch ‚Wer immer tut, was er schon kann, bleibt immer das, was er schon ist.‘ Lassen Sie Ihr Potenzial und unser gemeinsames Potenzial nicht brachliegen. Packen wir es an. Es gibt viel zu tun.“

- *Bedanken Sie sich:* Verwenden Sie dabei eine persönliche Ansprache. Die Formulierung „Vielen Dank“ ist weitaus distanzierter als die Worte *„Ich danke Ihnen“*. Bedanken Sie sich nicht nur, weil Sie ein höflicher Mensch sind, sondern weil es Sinn macht. Sie geben dem Publikum damit das Signal, sich jetzt seinerseits bedanken zu dürfen und zu klatschen. Amerikanische Redner nehmen nun nicht nur den Applaus des Publikums an, sondern klatschen ihrerseits dem Publikum Beifall. Das können Sie tun, aber nur dann, wenn körpersprachlich eindeutig klar wird, dass Sie den Zuhörern applaudieren. Wenn der Eindruck entsteht, Sie würden sich selbst Beifall klatschen, wirkt das natürlich weitaus weniger sympathisch.

Halten Sie stets einen zweiten Abschluss in Reserve: Sollte Ihnen unerwartet jemand dazwischenkommen, so zum Beispiel, weil plötzlich eine Frage aus dem Publikum gestellt wird, müssen Sie nach dem eigentlichen Abschluss noch einen zweiten nachschieben. Ansonsten würde der (nicht ganz so) krönende Ausstieg darin bestehen, dass Sie eine Antwort auf die gestellte Frage gegeben haben. Mit diesem Schlusswort in Erinnerung zu bleiben und von der Bühne abzugehen, wäre dann ein bisschen dünn.

Drei Wege führen zum Publikum

Aller guten Dinge sind drei. Und so haben Sie auch drei Wege zur Auswahl, über die Sie Ihrem Publikum Ihre Botschaften vermitteln können:

1. Sie erstellen ein Redemanuskript
2. Sie machen sich Stichwort-Notizen
3. Sie sprechen frei

Alle drei Varianten bringen Arbeit mit sich. Oft denken Redner, dass ein Redemanuskript weniger aufwendig sei. Das stimmt höchstens in den Fällen, wo das Manuskript von einem anderen geschrieben und von Ihnen nur noch vor Publikum vorgelesen werden muss. In allen drei Fällen sind im Vorfeld einige Überlegungen ratsam: Was will ich erreichen? Wer ist mein Publikum? Wie lautet eine spannende Einleitung? Wie finde ich beflügelnde Schlussworte? Wie möchte ich „dazwischen" meine Botschaft rüberbringen? Für welche Methoden entscheide ich mich? Übrigens: Nur wer gut vorbereitet ist, kann später auch einmal improvisieren. Alles andere ist Chaos!

Das Redemanuskript: Das Redemanuskript zeichnet sich dadurch aus, dass Sie darin Wort für Wort und Satz für Satz niederschreiben, was dem Publikum mitgeteilt werden soll. Redemanuskripte finden Sie häufig bei Ansprachen von Politikern, denen die Rede von einem Assistenten bzw. Redenschreiber vorbereitet wurde und nun vom Politiker zum Besten gegeben wird.

Das Problem eines Redemanuskripts besteht nicht nur darin, dass man häufig Redner sieht, die von den Inhalten genauso überrascht zu sein scheinen, wie die Zuhörer selbst (und sich dadurch als unvorbereitete Redner präsentieren), sondern auch darin, dass die gesprochene Sprache nicht der Schriftsprache entspricht. Da ein Redemanuskript aber Satz für Satz formuliert und schriftlich festgehalten wird, entspricht das Vorgelesene nicht der normalen mündlichen Formulierweise und der „Funke" springt absolut nicht über. Auch deswegen, weil dem Redner der Kontakt zum Publikum verloren geht: Er muss ja schließlich sehr viel häufiger in seine Notizen blicken. Durch das Vorlesen fehlen Blickkontakt und Authentizität. Durch das Stehen hinter einem Rednerpult fehlt Dynamik.

Um es kurz zu machen: Mit einem Redemanuskript geht Überzeugungskraft verloren. Und vergessen wir nicht, wo das Vorlesen in unserer Kindheit hinführte: Unsere Eltern lasen uns Gute-Nacht-Geschichten vor, um uns damit zum Einschlafen zu bewegen. So manches Mal hat man das Gefühl, dass das auch heute noch gut funktioniert.

Mit einem Redemanuskript starten dennoch viele ungeübte Vortragende zu den ersten Auftritten. Die Tatsache, dass sie den Inhalt Wort für Wort in der Tasche haben, gibt ihnen Sicherheit. Sie begehen damit einen entscheidenden Fehler: Sie meinen, dass die Hauptsache darin bestünde, den Inhalt wiederzugeben. Sie haben Angst davor, einen Satz oder eine Botschaft zu vergessen und lesen darum stattdessen lieber vor. Daher sei an dieser Stelle noch einmal betont: Menschen glauben nicht an Inhalte, sondern an Menschen. Menschen wollen unterhalten werden. Menschen wollen Emotionen spüren. Ein Redemanuskript ist dafür nur bedingt geeignet: Es hört sich formell an, besteht aus langen Sätzen und ist komplizierter formuliert. Es ist die richtige Wahl, wenn Sie ein derart heikles Thema beleuchten, dass freie Formulierungen sehr wahrscheinlich zum Stolperstein werden. So zum Beispiel bei einer politischen Rede, wo eine abweichende Wortwahl plötzlich große Probleme nach sich ziehen kann. Regierungssprecher beispielsweise verwenden gerne ein Rednerpult. Sie müssen Fakten und Beschlüsse korrekt wiedergeben und sich mit eigenen Interpretationen – dazu gehört auch Gestik – zurückhalten.

In allen anderen Fällen deutete die Wahl eines Redemanuskripts daraufhin, dass es sich um einen unvorbereiteten oder ungeübten bzw. unsicheren Redner handelt.

Sollten Sie aus nachvollziehbaren Gründen an einem Manuskript festhalten müssen, so stellen Sie sicher, dass dieses gut leserlich ist. Drucken Sie die Rede auf DIN-A4-Papier mit dem dreifachen Zeilenabstand und einer großen Schriftgröße. Im Idealfall geht kein Satz auf der nächsten Seite weiter, sondern schließt auf ein- und derselben Seite ab, weil es sonst beim Umblättern der Seiten zu unlogischen Sprechpausen kommt.

Von den Formulierungen her orientiert sich das Redeskript an der mündlichen Sprache. Überlegen Sie daher beim Aufschreiben, ob Sie das auf die gleiche Art und Weise mitteilen würden, wenn Sie sich im Gespräch mit jemandem befänden. Auch ein Redemanuskript muss eingeübt werden, um möglichst selten einen Blick auf das Papier und umso häufiger den Blick zum Publikum aufnehmen zu können. Vorsicht: Der Blick über eine Lesebrille hinweg in das Publikum wird häufig als oberlehrerhaft empfunden und weckt nur wenig Sympathie!

Stichwort-Notizen: Aus meiner Sicht handelt es sich hierbei um die allerbeste Wahl. Notizen helfen Ihnen dabei, dass Sie nichts vergessen und den roten Faden in der Hand halten. Gleichzeitig minimieren Stichwort-Notizen die Gefahr des Ablesens. Es entsteht eine weitgehend freie Ansprache, die das Publikum dankt. Für die Zuhörer ist es einfacher, zuzuhören und zu verstehen, wenn ihnen die Inhalte in mündlicher Sprache (nicht in Schriftsprache) übermittelt werden, sie bleiben aufmerksamer und zeigen darum auch deutlich mehr Reaktionen.

Wählen Sie für Ihre Notizen Karteikarten aus weißem Karton. Wählen Sie nicht die linierte Variante, das sieht zu „büromäßig“ aus. Die Karteikarten sollten maximal halbe DIN-A4-Größe haben. Nehmen Sie niemals dünneres Papier: Dünneres Papier lädt zum Herumspielen ein und erweckt den Eindruck, als würde das Papier in Ihrer Hand zittern. Schreiben Sie quer auf jede Karteikarte Stichworte in chronologischer Reihenfolge – genauso, wie Sie diese auch vortragen wollen. Notieren Sie hauptsächlich Substantive, verzichten Sie dabei auf Artikel wie „der, die, das“ – es handelt sich bei ihnen um überflüssige Informationen, die Sie auch ohne Notierung automatisch dem Gesagten hinzufügen können. Überfrachten Sie keine der Karteikarten – so mancher Redner beginnt damit, Stichworte oder ganze Sätze zu notieren und hält am Ende ein Redemanuskript in den Händen. Das ist natürlich nicht im Sinne des Erfinders!

Während des Übens werden Sie außerdem bemerken, dass Sie ohnehin auf der einen oder anderen Karte Ergänzungen vornehmen müssen. Diese sollten Sie dann nicht irgendwo die Ecke drücken, sondern noch gut sichtbar platzieren können. Am besten, Sie notieren maximal vier Wörter für jedes Argument (nur Informationen, die Sie zwingend benötigen) und lassen rechts und links am Rand sowie zwischen den Zeilen Luft. Gern können Sie auch mit verschiedenen Farben arbeiten: So könnte zum Beispiel eine Kernbotschaft immer rot sein, und die ergänzenden Informationen in blauer Farbe gehalten werden, wohingegen das Beispiel, das die Information untermauert, wiederum grün notiert wird. Dadurch geben Sie Ihrem Gehirn einen noch besseren Wiedererkennungseffekt. Ob Sie die Notizen handschriftlich vornehmen oder am Computer ausdrucken, bleibt Ihnen – oder besser gesagt der Leserlichkeit Ihrer Handschrift – überlassen.

Der Wiedererkennungswert der Handschrift ist größer als der eines Ausdrucks. Wenn Sie also in der Lage sind, Ihre eigene Handschrift auf der Bühne zu entziffern, so ist die Handschrift dem „anonymen“ Ausdruck stets vorzuziehen. Schaffen Sie für das Auge weitere Anker: Notieren Sie zum Beispiel ganz links auf der Karteikarte den Ausgangspunkt. Rechts daneben dann die Unterargumente und wiederum rechts neben den Unterargumenten weitere Stichworte, die diese untermauern. Sie werden dann automatisch das Auge auf die „richtigen“ Stellen richten und die entscheidenden Informationen umso schneller aufnehmen und wiedergeben können. Das Prinzip lautet: Weniger ist mehr. Ein Zuviel an Informationen mag Ihnen im Moment des Notizenerstellens hilfreich vorkommen, im Moment des Vortragens werden diese gut gemeinten Informationen jedoch unübersichtlich und damit zum Stolperstein.

Frei sprechen: Die freie Rede macht die meiste Arbeit: Sie müssen sich nicht nur gründlich vorbereiten, sondern dann eben auch gründlich auswendig lernen. Die freie Rede birgt zugleich die meisten Risiken: Stress macht nämlich vergesslich und so kommt es nicht selten vor, dass das Vorbereitete plötzlich weggeblasen ist, sobald man auf einer Bühne steht. Damit nähern wir uns einem entscheidenden Problem oder anders gesagt dem Gesetz von Murphy. Dieses besagt, dass das, was schiefgehen kann, auch schiefgeht. Wenn Sie im Vorfeld Angst davor haben, dass Sie auf der Bühne einen Blackout erleben könnten, dann setzen Sie sich gedanklich bereits so intensiv mit dem „geistigen Ausfall“ auseinander, dass Sie sich darauf programmieren und dieser wirklich wahrscheinlich wird. Ihr Gehirn kann nicht zwischen „Ich möchte keinen Blackout haben“ und „Ich möchte einen Blackout haben“ unterscheiden, weil es keine Negationen kennt. Aus dem gleichen Grund funktionieren auch keine guten Vorsätze nach dem Motto „Ich möchte weniger rauchen“ – das, was das Gehirn daraus ableitet, lautet „Ich möchte rauchen“. Und genau das setzt es für Sie dann auch in die Tat um.

Generell gilt daher, dass Ziele stets positiv zu formulieren sind – gegenüber sich selbst, aber auch gegenüber den Zuhörern. Nehmen Sie sich vor, dass Sie „eine mitreißende Rede halten möchten“ anstatt sich darauf zu fokussieren, dass Sie Ihr Publikum „nicht langweilen“ wollen. Das, was Sie sich vornehmen, wird auch geschehen. Im positiven, wie im negativen Sinne! Im Fazit gilt daher: Notizen sind kein Zeichen von Unsicherheit, sondern von guter Vorbereitung. Notizen geben Sicherheit. Darum sind Stichwort-Notizen der freien Rede vorzuziehen – es sei denn, Sie sind ein „alter Hase“, den kein Publikum der Welt noch aus der Fassung bringen könnte.

Passen Sie gut auf Ihre Redenotizen auf! Es soll schon vorgekommen sein, dass Redner ihre Karteikarten auf einen Stuhl legten und die Karten kurze Zeit später plötzlich verschwunden waren, weil ein anderer sie aus Versehen eingesteckt hatte. Nehmen Sie Ihre Notizen nach Ihrem Auftritt wieder an sich und lassen Sie diese nicht im Veranstaltungsraum liegen – es geht niemanden etwas an, welche Hilfsmittel Sie verwenden.

Übung macht den Meister

Der 384 v.Chr. geborene Demosthenes war bereits in jungen Jahren ein erfolgreicher Redenschreiber. Erst mit 30 Jahren versuchte er sich selbst als politischer Redner – zunächst mit sehr wenig Erfolg. Er wurde bei seinem ersten Redeversuch vom Athener Volk ausgepfiffen, weil er leise und gespickt mit stotternden Füllwörtern sprach, Worte verschluckte und unentwegt mit der Schulter zuckte. Statt aufzugeben, brachte er sich selbst in mühevoller Kleinarbeit das Reden bei:

- Er legte sich Kieselsteine in den Mund, um genauer artikulieren zu müssen,
- Er ließ ein Schwert von der Decke hängen und die Spitze seine Schulter berühren, um sich dadurch das Zucken abzugewöhnen,
- Er legte sich schwere Bücher auf das Zwerchfell, um eine bessere Atmung zu erlernen,
- Er stellte sich ans Meer und redete gegen die Brandung an, um eine kraftvollere Stimme zu bekommen.

Vier Jahre später hielt er seine erste Rede gegen den mazedonischen König Philipp. Anschließend soll der König gesagt haben: „Ich glaube, wenn ich diese Rede mit angehört hätte, hätte ich selber gegen mich gestimmt“.

Erfolg kommt nicht über Nacht und Erfolg fällt einem nicht in den Schoß. Wenn Sie das Gerüst Ihrer Ansprache konstruiert und Ihre Notizen angefertigt haben, wartet der praktische Teil. Lassen Sie diesen praktischen Teil nicht zu kurz kommen. Sie müssen mit dem Inhalt Ihrer Ansprache und den Notizen vertraut sein, um selbstsicher und überzeugend auftreten zu können. Für die Einübung bieten sich zwei Varianten an: Zum einen können Sie mental, zum anderen laut trainieren. Mental trainieren kann man quasi immer und überall: sei es in einer ruhigen halben Stunde auf dem gemütlichen Sofa oder auf der Reise im Zug. Die mentale Übung kann die laute Übung jedoch nicht ersetzen. Erst wenn Sie den Übungsauftritt „richtig" absolvieren, fällt Ihnen auf, zu welchen Versprechern Sie neigen oder wo noch Nachbesserungsbedarf an den Notizen besteht.

Üben mit dem Redemanuskript: Selbst wenn man ein Wort für Wort ausformuliertes Manuskript sein Eigen nennen kann, macht erst die Übung den Meister. Versuchen Sie, die Redeumgebung so treu wie möglich nachzustellen. Wenn Sie in Ihrer Rede ein Rednerpult nutzen sollen, so bauen Sie in der Übungsvariante vor sich einen Stapel von Büchern auf und stellen Sie sich dahinter. Malen Sie sich aus, dass vor Ihnen großes Publikum sitzt und suchen Sie zu diesem fiktiven Publikum Blickkontakt. Üben Sie zunächst nur den ersten Teil Ihrer Ansprache – sobald dieser „sitzt", gehen Sie zum zweiten Teil über und dann schließlich zum dritten und letzten Teil. Gewöhnen Sie es sich an, bei verbalen Ausrutschern nicht abzubrechen, sondern die Ansprache „durchzuziehen". Im Ernstfall können Sie ja schließlich auch nicht zum Publikum sagen, dass Sie gern noch mal mit dem Satz beginnen möchten. Lassen Sie erst gar nicht zu, dass Sie sich an eine Unterbrechung und das Neuansetzen gewöhnen könnten. Im wirklichen Leben gibt es auch immer nur den einen Versuch. Sollten Sie feststellen, dass Sie häufig an den gleichen Stellen über den Text stolpern, markieren Sie sich die kritischen Stellen mit einem Textmarker, um diesen das nächste Mal automatisch besondere Aufmerksamkeit zu widmen. Vorsicht: Redner nutzen in den meisten Fällen dann Füll-Laute wie „äh“ oder „hmm“, wenn sie auf ihr Manuskript blicken. Sie haben dann das Gefühl, dass sie die kleine Orientierungspause verbal überbrücken müssten. Hören Sie sich also genau zu, ob Sie ebenfalls zu der Verwendung von solchen Füll-Lauten neigen. Das Tückische daran ist, dass selbst der Redner, der zwanzig Füllwörter in der Minute verwendet, von sich behauptet, er habe kein einziges benutzt. Also hören Sie ganz exakt hin, um sich auf die Spur zu kommen. Manchmal hört man den Ratschlag, man solle vor einem Spiegel trainieren, um sich selbst dabei zeitgleich in Augenschein nehmen zu können. Ich persönlich finde diesen Ratschlag nicht sehr hilfreich – ganz im Gegenteil. Nach meinen Erfahrungen verwirrt das Üben von „Angesicht zu Angesicht“ bloß. Sie können sich nur sehr schwer gleichzeitig auf den Inhalt und auf Ihre Außenwirkung konzentrieren.

Üben mit Notizkarten bzw. Übung der freien Rede: Suchen Sie sich einen Raum, in dem Sie sich frei bewegen können. Es gelten ähnliche Prinzipien wie bei der Übung mit dem Manuskript. Auch hier sollten Sie stets so tun, als würde es sich um den Ernstfall handeln. Das bedeutet, dass Sie – einmal angefangen – die Rede „durchziehen“. Es bietet sich sehr an, die Übungsdurchläufe mit einer Videokamera aufzuzeichnen. Es ist sonst wahnsinnig schwer, das eigene Auftreten zu reflektieren. Sie sind für gewöhnlich so sehr auf Ihren Inhalt konzentriert, dass Sie der nonverbalen Kommunikation kaum noch Aufmerksamkeit schenken können. Erst wenn Sie gesehen haben, was Sie wirklich tun und sagen, können Sie Ihr Auftreten optimieren. Wenn Ihnen das Thema Ihres Vortrags vertraut ist, dürften etwa zehn Übungsdurchläufe als Minimum genügen. In allen anderen Fällen gilt, dass die Zahl als nach oben hin offen zu verstehen ist.

Stoppen Sie in allen Fällen die Zeit. Je sicherer und besser Sie werden, umso länger werden Sie für die Rede brauchen. Sie haben insbesondere bei der freien Rede und bei der Notizkartenrede mit wachsender Übung mehr Stoff zur Verfügung bzw. mehr innere Gelassenheit, um sich daran zu erinnern!

Die Feuerwehrrede

Wenn Sie gehofft haben, dass es sich bei der Feuerwehrrede um eine Ansprache handeln würde, die im Handumdrehen wieder vorbei ist, so muss ich Sie leider enttäuschen. Tatsächlich ist die Feuerwehrrede etwas, was die meisten von uns sehr fürchten. Es handelt sich um die Rede, auf die man sich so gut wie gar nicht vorbereiten kann, weil sie einen derart unerwartet ereilt. So zum Beispiel, weil einem auf einer Familienfeier auf die Schulter geklopft und damit verbunden die Bitte geäußert wird, doch mal schnell ein paar Worte zu sagen. Vielleicht, weil Sie ein Geburtstagskind hochleben lassen sollen oder weil einer der vorgesehenen Redner soeben ausgefallen ist.

Nun ist guter Rat teuer. Klar ist, dass keine Zeit für Übungsdurchläufe oder eine ausführliche Stoffsammlung bleibt. Stattdessen nehmen Sie Stift und Papier zur Hand und notieren sich innerhalb von wenigen Minuten ein paar Ideen (pro Idee maximal drei Stichworte!), die Ihnen gerade durch den Kopf schießen. Danach entscheiden Sie, welche der drei Ideen gesagt gehören und bringen sie in eine Reihenfolge nach dem Motto „erstens, zweitens, drittens“. Zu Beginn Ihrer Ansprache erzählen Sie eine Geschichte – das könnte etwas sein, das Sie mit dem Geburtstagskind verbindet und an das Sie besonders starke Erinnerung haben. Achten Sie darauf, dass die Geschichte positive Emotionen transportiert und entsprechende Gefühle auslöst. Mit Ihrer ersten „Idee“ knüpfen Sie an die Geschichte an. Nach der letzten „Idee“ schließen Sie mit einem Zitat oder auch einem sympathischen Statement. Sie könnten zum Beispiel einen Blick in die Zukunft werfen, und frech erzählen, dass dieses Fest so schön ist, dass man es kaum erwarten könnte, bis das Geburtstagskind wieder ein Jahr älter wird und man zu diesem Anlass dann wieder beisammen sein darf.

Wenn es Ernst wird: Wie Sie unter den Argusaugen eines Publikums bestehen

Sie wissen nun, dass das Publikum über Sie nicht erst dann ein Urteil fällt, wenn Sie bereits eine Zeit lang gesprochen haben. In dem Moment, in dem man Sie das erste Mal zu Gesicht bekommt, entsteht ein erster Eindruck, der prägt. Von entscheidender Bedeutung ist daher der Augenblick, in dem Sie die Bühne erklimmen. Die meisten Redner sind sich darüber nicht bewusst und begehen hierbei entscheidende Fehler. Sie sind aufgeregt und fangen an zu sprechen, bevor sie überhaupt richtig angekommen sind. Das sieht dann folgendermaßen aus: Der Redner kommt auf die Bühne, blickt zu Boden oder allenfalls flüchtig in das Publikum, es ist kein Lächeln erkennbar, das erste Wort ist ein überflüssiges Füllwort wie „so“ und dann geht es los. Schade! Jetzt ist das Kind schon in den Brunnen gefallen. Nun weiß bereits der Zuhörer in der allerletzten Reihe, dass da vorne niemand steht, der diesen Job gerne macht und sich seiner Sache sicher ist. Das ist insbesondere deswegen schlimm, weil der Redner stets das zurückbekommt, was er in das Publikum hineingibt. Wenig Begeisterung bedeutet, dass wenig Enthusiasmus geerntet werden kann – kein Lächeln bedeutet, dass auch keines zurückkommt.

Bei einem selbstbewussten Redner sieht das anders aus: Er geht ruhigen Schrittes und in aufrechter Körperhaltung auf das Podium. Er trägt ein Lächeln auf den Lippen und richtet den Blick in das Podium, sobald er mittig auf der Bühne steht. Er atmet erst einmal tief durch und lässt seinen Blick über das Publikum schweifen. Er lässt weitere zwei Sekunden verstreichen, um noch mehr Wirkung und Spannung zu erzeugen. Dann beginnt er, mit kraftvoller Stimme das erste Wort zu sprechen.

Der Unterschied zwischen einem sicheren und einem unsicheren Redner ist elementar und strahlt auf den gesamten weiteren Vortrag aus. Merken Sie sich daher, dass Sie im ersten Augenblick nichts überstürzen dürfen. Ein selbstsicherer Redner lässt sich nicht hetzen und ordnet hinter einem Rednerpult erst einmal in aller Ruhe seine Unterlagen, bevor aus seinem Mund das erste Wort ertönt.

- Wenn Sie den Weg auf die Bühne antreten, sollten Sie Ihre Unterlagen in der Hand halten, die für das Publikum weniger sichtbar ist.
- Lehnen Sie sich niemals an einem Rednerpult an. Wer sich anlehnt oder krampfhaft festhält, schadet seiner aufrechten Körperhaltung und signalisiert, dass er Halt braucht. Für das Publikum bleibt der Eindruck eines „krummen Typen“ anstatt eines „aufrechten Charakters“.
- Sprechen Sie frei oder mithilfe von Karteikarten, so achten Sie darauf, dass Sie sich mittig auf der Bühne positionieren. Sie neigen in Wahrheit dazu, sich mit dem Rücken zur Wand zu stellen – weil Sie sich auch genauso fühlen.

- Befinden sich außer Ihnen weitere Personen auf der Bühne, die in dem Moment Ihrer Rede einen passiven Part einnehmen, so halten Sie von diesen Abstand – Sie brauchen niemanden, der Ihnen den Rücken frei hält.
- Verlagern Sie Ihr Gewicht gleichmäßig auf beide Beine – das signalisiert Standfestigkeit und Selbstbewusstsein.
- Lassen Sie sich Zeit, bevor Sie das erste Wort sprechen. Was soll in dieser Zeit schon passieren? Denken Sie, dass die Zuhörer wegen ein paar Sekunden „Wartezeit" den Raum verlassen würden? Auf gar keinen Fall! Jetzt erkennen diese nämlich, dass es spannend wird.
- Nehmen Sie kein „Spielzeug" mit auf die Bühne. Halten Sie nichts in der Hand, das Sie nicht auch während des Vortrags benötigen. Leeren Sie Ihre Hosentaschen und nehmen Sie endlich dieses verflixte Kleingeld heraus, mit dem Sie so gerne während des Vortrags herumspielen!
- Schweigen ist mächtig und stark: Machen Sie eine kleine Pause nach einem bedeutsamen Satz – Pausen schaffen Wirkung. Erinnern Sie sich daran, dass die Zuhörer Ihre Worte das allererste Mal hören. Sie müssen ihnen schon Zeit geben, das Gehörte zu verstehen. Pausen eignen sich also, um dem Publikum Zeit zu geben, eine Antwort auf eine rhetorische Frage zu finden, in heiteres Gelächter nach einer amüsanten Anekdote ausbrechen zu dürfen oder um das Gesagte verarbeiten zu können, bevor etwas Neues ansteht.
- Machen Sie kurze Sätze. Kurze Sätze erleichtern das Verständnis aufseiten des Publikums und minimieren das Risiko des Redners, sinnlose Füllworte („ähm", „so", „hm", „tss") zu verwenden.
- Sprechen Sie in Bogensätzen. Zu Beginn eines Satzes starten Sie mit einer tieferen Stimme, die sich im Laufe des Satzes

hebt und am Ende wieder absenkt. Aufgeregte Redner erwecken schnell den Eindruck, zu „leiern“, weil sie am Ende eines Satzes mit der Stimme nicht heruntergehen, sondern sogar noch einen hohen Kick mitgeben. Das Senken der Stimme am Ende eines Satzes ist enorm wichtig, um sich das Verständnis der Zuhörer zu erhalten. Das Publikum geht davon aus, dass der Satz noch nicht zu Ende ist, wenn sich die Stimme nicht in tiefere Regionen bewegt. Infolgedessen sind sie irgendwann total verwirrt, weil der gefühlte Satz mittlerweile viel zu lang geworden ist, als dass man ihm folgen könnte.

- Wo es ein Erklimmen der Bühne gibt, gibt es auch stets einen Abgang. Eilen Sie hierbei zu schnell von der Bühne, erwecken Sie den Eindruck, als wären Sie gottfroh, dass die ganze Bescherung endlich vorüber ist. Erinnern Sie sich daher an den Moment, als Sie den ersten Eindruck wirken ließen. Genau so machen Sie es noch einmal, wenn der letzte Eindruck prägen soll. Das Publikum wird Ihnen Beifall klatschen und sich für Ihren Auftritt bedanken. Diesen Moment müssen Sie aushalten, auf der Bühne stehen bleiben, lächeln, tief durchatmen, in das Publikum sehen, einzelnen Personen freundlich zunicken und erst dann das Podium verlassen, wenn der Applaus abebbt.

Fehler sind nicht existent – weil Sie diese im Griff haben!

Dass Fehler nicht existent sind, bedeutet nicht, dass sie nicht passieren. Die Frage ist nur, ob sie dem Publikum auffallen und wie man mit ihnen umgeht. Stellen Sie sich einmal vor, Sie müssten einen Vortrag halten, tragen Ihren Laptop unter dem Arm und wollen diesen vor Veranstaltungsbeginn an den Beamer vor Ort anschließen, um Ihre Präsentation zu starten. Sie haben das schon öfter gemacht, und wissen, wie das geht. Aus unerfindlichen Gründen funktioniert es diesmal jedoch nicht. Der Beamer läuft, der Laptop läuft, doch beide laufen nicht zusammen. Sie probieren hin und her, ändern die Einstellung, rufen jemanden an, der sich besser auskennt, fahren beide Geräte runter, um sie dann wieder neu zu starten ... doch nichts hilft. Mittlerweile treffen die ersten Teilnehmer ein. Was nun? Weiterprobieren? Die Teilnehmer um Hilfe bitten? Den Teilnehmern erzählen, dass Sie ja eigentlich eine Präsentation zeigen wollten, aber der Beamer nicht geht – oder zumindest nicht mit Ihrem Laptop? Der ungeübte Redner würde sagen, dass er den Teilnehmern „reinen Wein" einschenken und ihnen zu Beginn seiner Ansprache (mit betretenem Gesicht!) erklären müsste, dass es mit der Präsentation leider nichts wird.

Der Profi dagegen würde den Laptop zuklappen, den Beamer wegstellen und so tun, als wäre alles in bester Ordnung. Seine Körpersprache signalisiert auf der ganzen Linie Selbstsicherheit und lässt nicht erahnen, dass etwas nicht im Plan ist. Und das ist genau richtig so! Die Devise lautet: Verstecken Sie Ihre Fehler, machen Sie diese unsichtbar! In dem beschriebenen Fall könnten Sie ohnehin nichts mehr an der Sachlage ändern. Warum wollen Sie nun den Teilnehmern ein schlechtes Gefühl geben, indem Sie den Eindruck vermitteln, dass diese nicht die ganze Leistung erhalten, sondern mit einer abgespeckten Variante Ihres Vortrags leben müssen? Richtig, das macht absolut keinen Sinn! Und genau darum verraten Sie rein gar nichts!

Sesam, öffne Dich: Ihre Sprache ist Ihr Schlüssel zum Erfolg und zu den Köpfen des Publikums

Ali Baba verdient sich seinen Lebensunterhalt als Holzfäller. Mithilfe der klugen Sklavin Mardschana gelang es Ali Baba, eine vierzigköpfige Räuberbande nach und nach zu bezwingen und in den Besitz ihres in einer Felsenhöhle versteckten Schatzes zu gelangen. In den deutschen Sprachgebrauch eingegangen ist das Losungswort „Sesam öffne Dich“, mit dem das Felsentor der Schatzkammer geöffnet werden konnte. Die Frage ist, mit welchem Schlüssel Sie den Zugang zu den Köpfen Ihrer Zuhörer öffnen. Im Wesentlichen dadurch, dass Sie eine überzeugende und wirksame Sprache sprechen.

Verabschieden Sie sich von Weichmachern

Stellen Sie sich einmal vor, Sie wollten zuhause eine neue Terrasse verlegen lassen. Nun kommt ein Gärtner zur Ortsbesichtigung vorbei, um die Möglichkeiten mit Ihnen zu besprechen. Sie sind unsicher, für welchen Boden bzw. für welchen Stein Sie sich entscheiden sollen. Der Gärtner rät Ihnen zu einer edlen italienischen Variante und sagt: „Theoretisch können Sie da dann auch wieder Ihre Gartenmöbel draufstellen.“ Na, sind Sie überzeugt? Ganz sicher nicht! Die Formulierung „Theoretisch können Sie …“ lässt in Ihnen sofort den Verdacht aufkeimen, dass das „praktisch“ nicht möglich sein wird. Das ist natürlich Quatsch! Selbstverständlich geht der Gärtner davon aus, dass Sie eine Terrasse auch bewohnen wollen und natürlich ist klar, dass darauf dann auch Gartenmöbel zu stehen haben. Durch die Hinzunahme eines einzigen Wortes hat der Gärtner sich jedoch seine Aussichten, Ihnen den schönen, italienischen und teueren

Stein zu verkaufen, in den Sand gesetzt. Für Sie als Kunden ist nicht die Theorie entscheidend, sondern nur die Praxis. Der Grund, warum der Gärtner zu der Formulierung „theoretisch" gegriffen hat, kann der sein, dass er entweder ein risikoscheuer, vorsichtiger und ängstlicher Mensch ist, der am liebsten für gar nichts Garantien ausspricht – oder auch der, dass er nur völlig unbewusst eine ungeschickte Sprache verwendet.

Unsichere Redner verraten sich durch eine unsichere Sprache. Wenn Sie vorne stehen, müssen Sie sich schon trauen, Position zu beziehen. Weich machende und schwammige Formulierungen sind da fehl am Platze. Sagen Sie nicht, dass Sie sich „vorstellen könnten, dass das eine mögliche Lösung wäre, die eventuell Abhilfe versprechen würde". Damit überzeugen Sie niemanden! Wer vorne steht und Aussagen macht, muss zuerst selbst von ihnen überzeugt sein, um dann andere überzeugen zu können. Umgekehrt funktioniert das nicht. Formulierungen wie „mir scheint …", „man könnte/sollte/müsste …", „eventuell/vielleicht …" oder „meiner Meinung nach …" legen ungewollt den Schluss nahe, dass es auch noch andere vertretbare Auffassungen gibt, wecken Zweifel und gehören aus jedem Sprachschatz gestrichen!

Wie mächtig Sprache ist, zeigt auch das nachfolgende Beispiel: „*In einem Kloster lebte ein Mönch, der ein leidenschaftlicher Raucher war. Es störte ihn nur, dass er leider nicht immerzu rauchen konnte. Denn sehr häufig musste er beten. Also sagte er sich, dass es das Geschickteste wäre, beide Dinge zusammenlegen zu dürfen. Daraufhin suchte er das Gespräch mit seinem Abt und fragte: ‚Darf ich beim Beten rauchen?' Der Abt reagierte entsetzt und lehnte dieses Ansinnen ab. Nun gab es in dem Kloster noch einen zweiten Mönch, der ebenfalls sehr gerne rauchte. Auch er fand die Idee reizvoll, das Rauchen und das Beten zusammenzulegen. Nun hatte er jedoch beobachtet, dass die Frage des ersten Mönchs ablehnend beschieden wurde. Und so formulierte der zweite Mönch die entscheidende Frage um und fragte seinen Abt: ‚Darf ich beim Rauchen beten?'*" Wir wissen nicht ganz genau, wie der Abt darauf reagierte – was wir jedoch mit Sicherheit wissen, ist, dass die Chancen des zweiten Mönchs auf einen positiven Bescheid sehr viel größer waren, als die des ersten Fragenden. Kleine Dinge können große Wirkung entfalten. Kultivieren Sie daher Ihre Sprache – Sie ist Ihr Schlüssel zum Erfolg.

Fakten und Emotionen widersprechen sich nicht

Viele Menschen sind der Auffassung, dass sie – zumindest im beruflichen Kontext – zu 100 Prozent rational agieren und somit vernünftig handeln. Das setzt auch voraus, dass sie davon ausgehen, sie treffen ihre Entscheidungen bewusst und haben sie zuvor gründlich bedacht. Doch das stimmt nicht. Bevor der Mensch eine bewusste Entscheidung trifft, hat das Unbewusstsein für ihn viele kleine Entscheidungen getroffen und bietet ihm letztlich nur noch wenige Alternativen zur finalen Entscheidung an. Doch das ist nur eine Seite der Medaille: Wir handeln nicht so bewusst, wie wir denken, und vor allem nicht so emotionslos, wie wir glauben. Was keine Emotionen auslöst, ist für das Gehirn sogar wertlos. Forscher haben nämlich herausgefunden, dass das Machtzentrum im Kopf keineswegs rationale und vernunftgeprägte Entscheidungen trifft – das gilt bei einem Ingenieur genauso wie bei einem Künstler oder einem Arzt.

Im Zusammenhang mit Untersuchungen an hirnverletzten Patienten wurde vielmehr deutlich, dass ohne Emotionen überhaupt gar keine Entscheidungen getroffen werden konnten:

und zwar unabhängig davon, ob es sich dabei um die Wahl eines Bankkontos, eines Abendessens oder eines Stellenwechsels handelt. Verkürzt könnte man noch sagen, dass das ganze Gehirn emotional ist und auf Emotionen reagiert.

Das bedeutet, dass Sie als Redner schlicht und ergreifend auf verlorenem Posten stehen, wenn Sie versuchen, an die Vernunft Ihrer Zuhörer zu appellieren. Das wird nicht funktionieren. Vielmehr gilt die Devise: Je stärker Sie in Ihrer Ansprache Emotionen wecken, desto wertvoller und nachhaltiger sind Ihre Aussagen. Denn natürlich geht es nicht darum, dass Sie mit Ihren Worten einen Wow-Effekt produzieren, den die Zuhörer mit dem letzten Ihrer Worte auch schon wieder vergessen haben.

Tatsächlich lautet die Anforderung, nicht nur mitreißend zu sprechen, sondern mit den eigenen Worten nachhaltig Wirkung zu erzeugen. Diese Nachhaltigkeit ist meines Erachtens eine der größten Herausforderungen überhaupt. Erst nach Ihrer Rede wird sich nämlich zeigen, wie gut bzw. wie effektiv diese war und ob Ihre Zuhörer Ihrem jeweiligen Appell Folge leisten. Nicht von ungefähr kommt das Sprichwort, dass Menschen Gewohnheitstiere sind. Es fällt uns allen schwer, alte Gewohnheiten abzulegen und neue Dinge anzunehmen.

Im Übrigen haben wir auf den vorherigen Seiten genau das auch schon bei Ihnen festgestellt: Wir kamen zu dem Schluss, dass es nicht ganz leicht ist, sein Auftreten zu verändern und dennoch authentisch zu bleiben. Auch hier wird vielfach das Credo der Authentizität vorgeschoben, um bei alten Gewohnheiten bleiben zu können, die einem vermeintlich Sicherheit versprechen. Ganz besonders schwierig ist das natürlich, wenn Vorgesetzte in Hauruck-Reden verlangen, dass von den Mitarbeitern auf einen Schlag zig Dinge auf einmal geändert werden sollen. Veränderungen sind schwierig. Die besten Karten hält man in der Hand, wenn man die Verhaltensweisen und Präferenzen verstärkt, die die größte Belohnung nach sich ziehen und dabei eine emotionale und bildhafte Sprache verwendet. Nur diese findet den direkten Weg in den Kopf der Zuhörer. Anbei ein kleines Beispiel aus der Kosmetikindustrie:

So nicht: „Verwenden Sie diese Creme morgens und abends. Durch die enthaltenen Fruchtsäuren wird eine chemische Reaktion angestoßen, die abgestorbene Hautschüppchen löst." Diese Formulierung ist korrekt, aber völlig emotionsfrei.

Besser so: „*Geben Sie zwei Tropfen der zarten Emulsion auf Gesicht und Hals. Dank der innovativen Fruchtsäuren wird Ihre Haut über Nacht zart, prall und neu belebt.*" Diese Formulierung ist deutlich lebendiger, zeigt eine erstrebenswerte Belohnung auf (Innovation/Fortschritt, Gewinn) und verwendet ein emotionales Sprachmuster, das ein positives Gefühl auslöst.

Ein Bild sagt mehr als tausend Worte

Auch wenn es schwerfällt, stellen Sie sich einmal vor, ich würde beruflich Kopiergeräte verkaufen. In dieser Mission würde ich zu Ihnen ins Unternehmen kommen und hoffen, dass Sie bei mir Ihren nächsten Kopierer erstehen würden. Ich weiß nicht, ob Sie an diesem Tag neben dem Gespräch mit mir auch noch Meetings mit anderen Anbietern angesetzt haben. Wir sitzen in unserem ersten Gespräch beisammen und ich sammle bei Ihnen Informationen, welches Gerät für Sie am interessantesten sein könnte. Ich möchte wissen, welche Erfahrungen Sie als Kunde in der Vergangenheit mit Kopierern gemacht haben und welche Anforderungen Sie an die Zukunft stellen. Obwohl unser Gespräch sich erst am Anfang befindet und ich noch lange nicht weiß, ob Sie das neue Kopiergerät bei mir kaufen werden, stelle ich Ihnen einige detaillierte Fragen:

- „In welchem Stockwerk sollte der Kopierer stehen?“ Nun antworten Sie mir, dass es wohl das Beste sei, das Gerät im ersten Stock unterzubringen – da sei am meisten Platz.
- „Wer wird das Gerät benutzen – alle Mitarbeiter oder nur wenige ausgewählte? Ich frage nur wegen der Einweisungsveranstaltung.“
- „Welchen Wochentag bevorzugen Sie bei der Anlieferung?“ Sie antworten mir jetzt vielleicht, dass sich hierfür idealerweise ein Montag eignen würde, da an diesem Tag der Hausmeister im Unternehmen ist und behilflich sein kann.

Wie und was auch immer Sie mir jeweils antworten werden: Es ist mir ziemlich egal. Es ist nur wichtig, dass ich meinen Fragen Erklärungen nachliefere – andernfalls laufe ich Gefahr, dass sich bei Ihnen Widerstände regen. Idealerweise liefert meine Erklärung einen weiteren Vorteil für Sie als Kunden – zum Beispiel eine Schulung oder eine Einweisung in das Gerät. Es macht für mich keinen Unterschied, ob ich das Gerät an einem Montag oder Freitag anliefern lasse, ob es in den ersten oder dritten Stock transportiert werden muss oder ob ich zwei oder zwanzig Personen erkläre, wie man die besten Kopierergebnisse erzielt.

Nun werden Sie sich erstaunt überlegen, warum ich Ihnen dann überhaupt all diese Fragen stelle. Ganz einfach: Ich bin Pac-Man. Ich möchte erreichen, dass Sie sich in Ihrem Kopf ein möglichst präzises Bild davon machen, wie ich Ihnen den Kopierer liefere, ihn im ersten Stock aufstelle und dann gemeinsam mit Ihren Mitarbeitern um dieses Gerät herumstehe, um dessen Funktion zu erklären. In Ihrer Vorstellung haben Sie sich dann schon so intensiv damit befasst, dass ich Ihnen das Gerät überbringe, dass es für Sie ganz schön schwer werden würde, dieses Bild zu überschreiben. Techniken wie diese erhöhen unsere

Chancen – sind aber dennoch keine Garantie. Skeptiker mögen jetzt denken, das sei doch Manipulation. Solange wir nur das Beste für unseren Kunden oder unsere Zuhörer wollen und wir den Mut haben, ihnen jederzeit wieder gegenüberzutreten, handeln wir dabei jedoch in guter Absicht.

> ***Fazit:*** *Meine Aussichten auf Ihren Auftrag sind umso besser, je intensiver Sie sich eine bildhafte Vorstellung von der Zusammenarbeit mit mir gemacht haben. Ich habe mir die Devise zu eigen gemacht, dass derjenige, der fragt, bestimmt, was der andere denkt und habe Sie ganz bewusst gezwungen, in die bildhafte Vorstellung zu wechseln. Würde ich mich dagegen nur darauf konzentrieren, Ihnen die technischen Feinheiten zu erklären, würde ich zulassen, dass wir uns „nur" auf der digitalen Ebene unterhalten. Die digitale Ebene, die von Fachausdrücken und einer nüchternen Sprache gekennzeichnet ist, löst keinerlei Emotionen aus, besitzt keine gute Verständlichkeit, weckt keine Sympathien und ist längst nicht so verbindlich. Man findet sie klassischerweise in den meisten Unternehmen, wenn Vorträge, Reden oder Präsentationen gehalten werden.*

Die besten Erfolge erzielen Sie, wenn Sie von der digitalen Sprache in die analoge Welt wechseln. Ein Beispiel: Bitte lesen Sie sich die nachfolgende Geschichte von Vera F. Birkenbihl einmal aufmerksam durch und erzählen Sie diese im Anschluss laut nach:

„Ein Zweibein sitzt auf einem Dreibein und isst ein Einbein. Da kommt ein Vierbein vorbei und schnappt dem Zweibein das Einbein weg. Das Zweibein ist so erbost, dass das Vierbein ihm das Einbein weggeschnappt hat, dass das Zweibein das Dreibein hinter dem Vierbein herwirft."

Wetten, dass die Nacherzählung Ihnen gar nicht so leicht fällt? Kein Wunder, schließlich handelt es sich hierbei um ein Musterbeispiel der digitalen Sprachwelt. Benutzt werden abstrakte Begriffe, denen wir erst einmal kein Bild zuordnen können und die wir uns darum auch nur sehr schwer in der richtigen Reihenfolge merken können. Die meisten Menschen gehören zu den sogenannten Gehirnmuffeln: Sie benutzen hauptsächlich die linke Hirnhälfte, die für Details und Analyse zuständig ist. Dazugehören das Rechnen, Lesen, Schreiben, Analysieren von Texten oder Auswendiglernen von Daten, Fakten und Formeln. Links ist bei Rechtshändern logisch, rational, wissenschaftlich und linear. Wer auf die linke Gehirnhälfte zählt, um sich die obige Geschichte zu merken, muss dafür deutlich mehr Zeit aufwenden und den Text auswendig lernen. Zu ihren typischen Vertretern gehören Wissenschaftler, Mathematiker und Juristen. Sie arbeiten exakt, detailliert und konzentriert und lieben die digitale Welt der Zahlen.

In der analogen Sprache geschrieben, lautet die komplizierte Geschichte ganz anders:

„Ein Mann sitzt auf einem Schemel und isst einen Hähnchenschlegel. Da kommt ein Hund vorbei und schnappt dem Mann den Hähnchenschlegel weg. Darüber ist der Mann so erbost, dass der Mann dem Hund den Schemel hinterher wirft."

Würde ich Sie nun bitten, die Geschichte nach dem einmaligen Lesen zu wiederholen, würde Ihnen das nun deutlich leichter fallen. Sie müssten die Geschichte nämlich nicht auswendig lernen. Dank der analogen Sprache haben Sie sich vor Ihrem inneren Auge ein Bild von den Geschehnissen gezeichnet und konnten die Geschichte umso leichter nacherzählen. Die analoge Sprache ist also bildhaft, kreativ, gibt einen Überblick und stellt Zusammenhänge her, ist intuitiv, nicht linear und ganzheitlich. Zu ihren Vertretern gehören Musiker, Maler und Künstler. Sie sind bereit, Neues auszuprobieren, eher sprunghaft und können sich weniger für das Detail als vielmehr für das große Ganze begeistern. Sie haben eine ausgeprägte Antenne für den Gemütszustand ihrer Mitmenschen und nehmen nonverbale Signale aufmerksam wahr.

Es wäre jedoch falsch, wenn wir daraus ableiten würden, dass man die Menschen – je nachdem ob sie ein Faible für die rechte oder linke Gehirnhälfte haben – entweder rein digital oder rein analog ansprechen sollte. Vielmehr ist es so, dass Sie die besten Erfolge erzielen, wenn Sie Ihre Worte in die analoge Sprachwelt übersetzen und möglichst bildhaft sprechen. Typischerweise ist das in den meisten Unternehmen nicht der Fall: Es arbeiten nun mal mehr Juristen und Wirtschaftswissenschaftler in Führungspositionen als Maler, Sänger und Künstler.

Auch dem Mathematiker, der als digitaler Hirnbenutzer bekannt ist, fällt es leichter, sich Dinge zu merken, wenn man ihn einlädt, die rechte Gehirnhälfte hinzuzuziehen. Denn ob man will oder nicht: Es ist uns nicht möglich, uns einem Bild zu entziehen. Wenn ich Sie bitte, sich jetzt auf gar keinen Fall eine weiße Maus auf einem roten Fahrrad vorzustellen, so wird Ihnen das nicht gelingen. Ihr Gehirn hat blitzschnell ein Bild gezeichnet, obwohl Sie das gar nicht wollten.

Merken Sie sich: Sie werden umso erfolgreicher sein, je besser es Ihnen gelingt, in den Köpfen Ihrer Zuhörer Bilder zu erzeugen. Die meisten meiner Klienten sind die klassischen digitalen Hirnbenutzer. Ihre Präsentationen wimmeln nur so von Fachausdrücken, Zahlen und Abkürzungen. Bilder dagegen sucht man vergebens. In ihrer Sprache verwenden sie klinisch reine Ausdrücke, die zwar korrekt sind, bei den Zuhörern aber ins eine Ohr rein- und aus dem anderen Ohr sofort wieder rausgehen. Oft werde ich dann hilflos gefragt, wie man denn nun in die analoge, bildhafte Sprachwelt wechseln könnte. Es herrscht die Vorstellung vor, dass man nur Bilder erzeugen könnte, wenn man Geschichten wie Anekdoten oder persönliche Erlebnisse erzählt. Das ist natürlich richtig, dass diese unmittelbar Bilder erzeugen. Tatsächlich müssen es aber nicht immer regelrechte Märchen sein, die sich im Gehirn Ihrer Zuhörer verankern. Wenn Sie beispielsweise eine neue Mitarbeiterin vorstellen möchten, so können Sie in Ihrer Power-Point-Präsentation schreiben:

„Frau Anita Müller /geb. 30.4.1964 / Sachbearbeiterin /seit 1.8.2011 bei MSU (Abt. LTS)“

Diese Wortwahl wäre typisch für einen Menschen, der sich in der digitalen Welt bewegt und der die rechte Gehirnhälfte anspricht: Es finden sich einige Zahlen und Abkürzungen wieder, die uns einen eindeutigen Hinweis darauf geben. Im schlimmsten Fall stellen Sie auf diese Art und Weise nicht nur eine neue Mitarbeiterin, sondern gleich zehn vor. Ich kann Ihnen versprechen, dass sich Ihr Publikum bereits beim zweiten Namen langweilt und sich ganz bestimmt kaum etwas merken kann. Stattdessen können Sie auch folgendermaßen artikulieren:

„Ich darf Ihnen Frau Anita Müller vorstellen. Sie ist nun schon seit Spätsommer in unserem Unternehmen zuhause und darüber freue ich mich sehr. Die meisten von Ihnen haben Sie bereits kennengelernt: Immer dann, wenn Sie im ersten Stock eine Ihrer Reisekostenabrechnungen abgeben, ist Frau Müller Ihre Ansprechpartnerin.“ Nun besteht Frau Müller nicht mehr nur aus Zahlen und Fakten, sondern ist ein Mensch aus Fleisch und Blut geworden. Die zuhörenden Mitarbeiter haben sich vorgestellt, wie sie in den ersten Stock in die Abteilung der Buchhaltung pilgern, und dort von Frau Müller in Empfang genommen werden.

Nach einem kurzen Plausch überreichen Sie ihr die Abrechnung und verabschieden sich dann wieder.

Es muss also nicht das Märchen sein, das Ihr Publikum in Bildern schwelgen lässt. Nahezu jedes Thema kann in die analoge und bildhafte Sprache übersetzt werden und Bilder erzeugen. Merken Sie sich: je mehr wir in Bildern sprechen, desto besser erreichen wir das Unterbewusstsein unserer Gesprächspartner. Einer der wesentlichen Schlüssel zu einer erfolgreichen Ansprache ist der, dass Sie in Bildern sprechen. Am leichtesten können Sie Bilder heraufbeschwören, indem Sie Geschichten erzählen. Das wussten auch John F. Kennedy und Martin Luther King, als sie sich für die Sätze „Ich bin eine Berliner“ und „I have a dream“ entschieden. Anbei ein weiteres Beispiel:

Es hatte den ganzen Tag geregnet, als ein Mann mit seinem Jeep zu Mr. Jones' Haus auf dem Land hinausfuhr, um nach dem achtzig Jahre alten Farmer zu sehen. „Mr. Jones“, rief der Mann von seinem Jeep aus dem alten Mann zu, der auf der Veranda saß. „Der Regen wird ziemlich stark und sie sagen, dass der Fluss ansteigt. Sie sollten besser machen, dass Sie von hier wegkommen. Ich nehme Sie mit. Kommen Sie, springen Sie in den Wagen!“ „Nein, danke“, antwortete Mr. Jones. „Mir kann gar nichts passieren. Gott wird für mich aufpassen.“ „Sind Sie sicher, Mr. Jones?“ fragte der Mann. „Ja“, versicherte Mr. Jones. „Fahr nur weiter, Junge. Gott wird auf mich aufpassen.“ Nun, es regnete und es regnete. Und am frühen Abend war Mr. Jones' Landstraße überflutet. Das Wasser stieg so hoch, dass Mr. Jones nicht mehr auf der Veranda sitzen konnte. Er kletterte auf einer Leiter auf das Verandadach und setzte sich nieder. Ein Nachbar paddelte in einem Kanu vorüber. „Mr. Jones! Das Wasser steigt ziemlich hoch. Weshalb kommen Sie nicht mit mir?“ schlug der Nachbar vor.

„Nein, danke“, bestand Mr. Jones. „Du paddle nur weiter, Junge. Gott wird auf mich aufpassen.“ Der Regen fiel die ganze Nacht. Das Wasser stieg so hoch um Mr. Jones’ Haus, dass er auf das Dach klettern musste, um trocken zu bleiben. Um Mitternacht flog ein Polizeihelikopter ein, und Mr. Jones hörte die Stimme eines der Stellvertreter des Sheriffs: „Mr. Jones, wir sind hier, um Ihnen zu helfen. Ich werde diesen Korb hinunterlassen, und Sie steigen hinein. Keine Angst, Sie werden sicher sein“, schrie der Sheriff-Stellvertreter. „Nein, danke“, schrie Mr. Jones zu dem Helikopter hoch. „Sie fliegen nur weiter, Junge. Gott wird auf mich aufpassen.“ „Sind Sie sicher, Mr. Jones?“ schrie der Deputy zurück. „Ja“, bestand Mr. Jones. „Und nun fliegen Sie los! Gott passt schon auf mich auf.“ Der Helikopter flog in die Nacht davon. Um 2 Uhr früh geriet Mr. Jones doch in Panik. Das Wasser stand so hoch, dass es kaum noch einen trockenen Ort auf dem Dach gab. Er stand auf dem höchsten Punkt, sah in den Himmel hoch, erhob seine Hände, und rief aus: „Gott, wie konntest Du mir das antun! Ich dachte, Du würdest mich RETTEN!“ Der Himmel öffnete sich, Licht ergoss sich über Mr. Jones, und er hörte die klare, schallende Stimme Gottes: „WAS GLAUBST DU, WER DEN JEEP, DAS KANU UND DEN HELIKOPTER GESCHICKT HAT?“

Geschichten und Mythen gehören seit jeher zu unserem Leben dazu. Man könnte sogar sagen, dass sie so etwas wie Sinngeber des Lebens sind – Religionen zum Beispiel wären ohne Geschichten undenkbar. Es ist also keineswegs so, dass es besonders neumodisch wäre, eine Geschichte in einen Vortrag einzubauen. Eigentlich müssten wir nur einen Blick in die ferne Vergangenheit werfen, um zu wissen, dass wir seit jeher auf Geschichten vertrauen.

Auf einen Blick: Wie Sie Ihr Publikum begeistern, faszinieren und überzeugen

1. ***Wecken Sie Aufmerksamkeit:***
   - Kleiden Sie sich professionell und seriös.
   - Lassen Sie sich von jemandem vorstellen.
   - Schreiten Sie in Ruhe auf die Bühne, blicken Sie in die Runde, lächeln Sie – und sprechen Sie erst dann das allererste Wort.
   - Seien Sie sich bewusst, dass Sie selbstbewusster wirken, als Sie sich fühlen.
   - Das allererste Wort wird mit Bedacht gewählt und ist kein Füllwort, das aus Verlegenheit entsteht.
   - Starten Sie mit einem ungewöhnlichen und unvorhersehbaren Einstieg.
   - Lassen Sie frühzeitig Kompetenz „durchblitzen".

2. ***Gestalten Sie den Inhalt Ihrer Ansprache bewusst und zielgerichtet:***
   - Berücksichtigen Sie Ihre Zielgruppe. Appellieren Sie an die Motive Ihrer Zuhörer und versprechen Sie ihnen einen Vorteil.
   - Ihre Botschaft muss der Erfolgsformel entsprechen. Es gilt der Dreiklang aus Relevanz, Brisanz und Substanz.
   - Entscheiden Sie sich für maximal drei Kernbotschaften.
   - Wiederholen Sie die jeweilige Botschaft in Variationen: Verwenden Sie Beispiele. Zeigen Sie Statistiken. Veranschaulichen Sie Zahlen. Erzählen Sie Geschichten. Zitieren Sie eine anerkannte Persönlichkeit.
   - Machen Sie Pausen zwischen den Sätzen.

- Verstecken Sie Fehler.
- Üben Sie Ihre Ansprache sowohl mental als auch praktisch.

3. *Wählen Sie einen krönenden Abschluss*

- Geben Sie dem Publikum eine Zusammenfassung des Gehörten.
- „Haben Sie noch Fragen?“: Halten Sie sich bereit, Ihre eigenen Fragen zu beantworten, wenn das Publikum keine hat.
- Schließen Sie mit einer bildhaften Geschichte oder einem Zitat.
- Sprechen Sie einen Appell aus.
- Halten Sie einen „zweiten“ Abschluss in Reserve.
- Bedanken Sie sich.
- Halten Sie den Applaus aus. Bleiben Sie auf der Bühne stehen und lassen Sie zu, dass Sie „nachwirken“.

Nervosität minimieren, Sicherheit maximieren

„Das Gehirn ist eine wunderbare Sache.
Es funktioniert bis zu dem Zeitpunkt,
wo du aufstehst, um eine Rede zu halten.“

MARK TWAIN (1835-1910),
amerikanischer Schriftsteller

Manch einem erscheint der Begriff „Nervosität“ zu tiefgestapelt, wenn er seine Gefühle beschreiben soll, die ihn in Erwartung eines öffentlichen Auftritts ereilen. Nicht selten führt eine bevorstehende Rede zu schlaflosen Nächten, Übelkeit und Zähneklappern. Die häufigste Befürchtung ist die, dass man einen Blackout erleidet, all die schönen Worte wie weggeblasen sind und das Publikum in der Folge denken könnte, da vorne stünde ein Versager. Typische Zeichen für Nervosität sind ein rasend schneller Herzschlag, ein trockener Mund, das permanente Bedürfnis ein stilles Örtchen aufzusuchen, mangelnde Konzentration, Schweißausbrüche, Schmetterlinge (im negativen Sinne) im Bauch, zitternde Gliedmaßen, eine ungewöhnlich hohe Stimme oder gar Atemnot. Sollte Ihnen eines der Anzeichen bekannt vorkommen, so wissen Sie, wie unangenehm dieses Gefühl ist. Und dass es beileibe nicht dazu führt, mit innerer Ruhe und Gelassenheit oder Selbstbewusstsein eine Bühne zu erklimmen.

Wie kann es aber überhaupt sein, dass gestandene Männer und Frauen – oftmals in Führungspositionen und sonst nicht auf den Mund gefallen – sich von einem Auftritt vor einer kleinen Menschenmenge derart in die Enge treiben lassen? Rational betrachtet ist das ja nun wirklich unsinnig. Schließlich besteht kein Anlass, an sich zu zweifeln. Und stellt man die Frage, was denn schlimmstenfalls passieren könne, scheinen die Antworten auch nicht gerade bedrohlich auszufallen. Es steht schließlich nicht zu erwarten, dass Ihr Publikum über Sie herfällt, mit faulen Eiern wirft und Sie lauthals ausbuht.

Sind wir nämlich einmal ganz ehrlich, so stellen wir darüber hinaus fest, dass die meisten Redner die Messlatte nicht gerade hoch gelegt haben. Vielleicht liegt darin jedoch auch ein Problem und wir wissen aus eigener Erfahrung zu gut, wie langweilig und unsympathisch es ist, wenn wir jemandem lauschen müssen, der uns eher zum Gähnen denn zum Applaudieren bringt. Der Kern des Problems liegt aber wohl eher darin, dass man sich „da vorne" dem Urteil der anderen aussetzt. Wir wollen nicht ausgelacht werden. Der Mensch ist ein soziales Wesen und will dazugehören. Die Angst ausgeschlossen zu werden oder zu versagen, macht ohnmächtig. Je besser jedoch die Fähigkeit, Unsicherheit zu ertragen, ausgeprägt ist, desto höher ist die Lebensqualität und die Bereitschaft, sich an Grenzen heranzuwagen und diese zu überschreiten.

Es ist aber nun mal eine Tatsache, dass das Leben auf einer Bühne nicht immer leicht ist. Vor Ihnen sitzt eine Menschenmenge, die in diesem Augenblick schlicht und ergreifend nichts anderes zu tun hat, als den Redner in Augenschein zu nehmen und sich ein Urteil über ihn zu bilden. Wer sich „da oben" zeigt, setzt sich in seiner Gänze dem Urteil der anderen aus. Wer dagegen zum Beispiel als Schauspieler in einer Theateraufführung oder im Wege einer Comedyshow in eine Rolle schlüpft, zeigt in meinen Augen eher eine Facette seiner Persönlichkeit. Da ist es dann vielleicht gar nicht die Schwäche des Schauspielers, sondern vielmehr eine schwache Rolle oder ein nicht überzeugendes Drehbuch, das für das Missfallen des Publikums verantwortlich sein könnte. Steht dagegen eine durch und durch „echte Person" auf der Bühne, gibt diese durch ihre Worte und ihr Auftreten nahezu alles von sich preis. Und da sollte doch wirklich niemand mehr behaupten, dass das einfach wäre. Oder anders gesagt: Auf dem Podium zu stehen ist eine nicht zu unterschätzende Leistung, die keineswegs selbstverständlich ist. Und genau darum ist sie einer der besten Wege zu gesellschaftlicher Anerkennung und einer vielversprechenden Karriere.

Von Höhlenmenschen und Säbelzahntigern

Bereits in grauer Vorzeit waren wir nicht zu unterschätzenden Gefahren ausgesetzt. Diese Gefahren waren ganz andere als diejenigen, mit denen wir uns beim Auftreten vor Publikum konfrontiert sehen – die Mechanismen von damals werden uns jedoch noch heutzutage zur Stolperfalle. Wenn der Höhlenmensch von damals überraschend einem Säbelzahntiger begegnete, so hatte er wenig Zeit darüber nachzudenken, was am besten als Nächstes zu tun wäre. Wer erst lange überlegen musste, in welche Richtung er rennen sollte, für den hatte sich diese Überlegung schon fast erübrigt. Im Wesentlichen boten sich drei Handlungsalternativen an: zum einen die Flucht, zum anderen der Kampf und zum Dritten die Paralyse (die wir daher kennen, dass zum Beispiel das Kaninchen starr vor Schreck und damit regungslos vor der Schlange verharrt). Sinnvollerweise produzierte der Körper bei der Begegnung mit dem Säbelzahnträger sofort eine Menge Adrenalin, ein in Stresssituationen ins Blut ausgeschüttetes Hormon. Adrenalin bewirkt eine Steigerung der Herzfrequenz, lenkt viel Blut in die Extremitäten (um uns schnell rennen lassen zu können) und wird bald nach seiner Freisetzung wieder abgebaut; die Halbwertszeit beträgt nur ein bis drei Minuten. Adrenalin schafft somit kurzfristig die Voraussetzung für die rasche Bereitstellung von Energiereserven, die in gefährlichen Situationen das Überleben sichern sollte. Damit verbunden sind jedoch auch einige Nebenwirkungen: Als Folge einer Adrenalinfreisetzung sind Schweißausbrüche, Gänsehaut und auch ein trockener Mund bekannte Begleiterscheinungen.

In früheren Zeiten waren wir dank des Adrenalinschubs in der Lage, kraftvoll zu kämpfen oder schnell zu fliehen. Heute ist weder das eine noch das andere angemessen, wenn wir uns in Stresssituationen befinden. In gewisser Weise können wir heute jedoch immer noch Kämpfe oder Fluchten beobachten – so zum Beispiel, wenn es zu verbalen Auseinandersetzungen kommt oder einer der Streithähne knallend die Tür in das Schloss fallen lässt und das Weite sucht. Unser Körper reagiert noch exakt wie damals auf unliebsame Situationen und schenkt uns jede Menge Adrenalin. Dieses führt dazu, dass wir zwar viel Kraft in den Muskeln haben, aber leider im Hirn gähnende Leere verspüren. Darum stimmt auch das Sprichwort: Stress macht dumm.

Wege aus der Adrenalinfalle

Am schnellsten können Sie wieder klar denken, wenn Sie einen Weg finden, das lästige Stresshormon loszuwerden. Leider ist es unmittelbar vor einem Auftritt nur selten möglich, noch mal schnell eine Joggingrunde einzulegen oder einen kleinen Boxkampf einzuläuten. Sie könnten es jedoch einmal damit versuchen, dass Sie gezielt Muskeln anspannen: Strecken Sie im Stehen die Beine fest durch oder spannen Sie die Bauchmuskulatur an. Beides dürfte für Ihr Publikum unsichtbar bleiben. Dementsprechend ist davon abzuraten, Arme durchzudrücken oder gar eine Faust zu machen. Das würde körpersprachlich die falschen Signale senden. Trösten Sie sich damit, dass der Adrenalinabbau zügig vonstatten geht. Lange müssen Sie nicht in dieser angespannten Haltung verharren.

Der allerbeste Tipp, um die innere Unruhe loszuwerden, ist zugleich ein erstaunlicher. Ich habe ihn gemeinsam mit zahlreichen Teilnehmern ausprobiert. Bislang hat keiner davon berichtet, dass dieser Trick bei ihm nicht funktioniert hätte – ganz im Gegenteil. Das Prinzip ist folgendes: Es gibt eine winzig kleine Körperbewegung, die dem Gehirn signalisiert, dass alles in bester Ordnung ist. Bekommt das Gehirn gesagt, dass kein Grund zur Unruhe besteht, kehrt augenblicklich Gelassenheit ein. Anzeichen von Nervosität wie zitternde Knie, Herzrasen oder ein trockener Mund verschwinden genauso schnell, wie sie gekommen sind. Des Rätsels Lösung lautet: Wackeln Sie mit den Zehen. Säuglinge wackeln eigentlich immerzu mit den Zehen. Es ist ein Zeichen dafür, dass sie sich wohlfühlen. Auch Jahre später besteht noch diese „beruhigende“ Verbindung ins Gehirn, die man sich zunutze machen kann. Wahrscheinlich haben Sie eine viel kompliziertere Lösung erwartet. Doch glauben Sie mir, dass diese im vorliegenden Fall wirklich einfach ist. Ich bin selbst immer wieder erstaunt, wie gut wir uns mit so wenig selbst austricksen können. Manchmal bin ich auch gar nicht sicher, ob der Erfolg, der damit einhergeht, darauf gründet, dass wir vor lauter Konzentration auf unsere Füße gar keine Zeit mehr haben über unsere Nervosität nachzudenken oder ob es tatsächlich diese Expressverbindung zum Gehirn ist, die so schnell Abhilfe schaffen kann. Letztlich ist es wohl auch gleichgültig, warum das Zehenwackeln so gut funktioniert. Wichtig ist, dass es so zuverlässig funktioniert. Noch dazu ist es eine Methode, die Sie völlig im Verborgenen abwickeln können. Auch wenn Ihr Publikum noch so aufmerksam ist – es wird wohl kaum bemerken, dass in Ihren Schuhen etwas mehr Bewegung herrscht als normal.

Darüber hinaus liegt es in der Natur der Sache, dass wir umso nervöser sind, je mehr Anlass wir dazu haben. Es ist eine einfache Wahrheit, dass die meisten Redner zu unvorbereitet auf das Podium treten. Vielleicht gelingt es ihnen, ihre mangelnde Vorarbeit vor dem Publikum zu verbergen. Es wird ihnen jedoch nicht möglich sein, das vor sich selbst zu leugnen. Der beste Garant für Nervosität ist eine mangelnde Vorbereitung. Es geht schon damit los, dass man zu spät damit anfängt, sich mit seiner Rede zu beschäftigen, wenig Material gesammelt hat, Hintergrundinformationen über die Veranstaltung fehlen, das Publikum im Dunkeln liegt und unleserlich geschriebene Karten in den Händen gehalten werden. Es wäre wirklich ein bisschen zu viel erwartet, wenn Sie an sich den Anspruch stellen, eine gelassene Performance zu bieten, obwohl Ihnen die Vorbereitung in letzter

Sekunde mehrere Stunden Schlaf geraubt hat und Sie sich nun der Hoffnung hingeben müssen, dass das niemandem auffällt. Sie fühlen sich und Sie sind besser, wenn Sie sich Zeit für einen ausgiebigen Vorlauf geben konnten. Merken Sie sich: Zu früh kann man nie mit der Vorarbeit beginnen, zu spät dagegen schon.

Gerade weil Nervosität nur zu Beginn eines Auftritts ein Problem ist, sollten Sie einen starken Einstieg vorbereiten. Lernen Sie diesen so gründlich auswendig, dass man Sie mitten in der Nacht wecken könnte und Sie selbst im Pyjama in der Lage wären, diesen Aufmacher zum Besten zu geben. Sobald ein paar Minuten verstrichen sind, hat sich das Adrenalin gelegt und es kehrt Ruhe ein. Der sichere Einstieg gibt Ihnen die beruhigende Gewissheit, dass Sie auch in der Lage sind, den „Rest" souverän zu bewältigen. Spätestens dann wird Nervosität oder gar Angst auf der Bühne zu einem Fremdwort.

Plaudern wir zur weiteren Beruhigung noch ein wenig aus dem Nähkästchen: Sollte es Ihnen je passieren, dass Sie Ihren Einstieg in den Sand setzen, so ist dennoch längst nicht aller Tage Abend. Ein Trick hervorragender Redner besteht darin, dass sie absichtlich schwach starten. Wer einen schwachen Start hingelegt, kann nämlich später umso größer auftrumpfen. Man kann sich als Zuhörer also nie sicher sein, ob ein schwacher Start vielleicht gar kein Zufallsprodukt, sondern womöglich reine Absicht bzw. gar ein Qualitätsmerkmal des Redners gewesen ist.

Wie unsicher Sie sich auch immer fühlen mögen – Sie erscheinen dem Publikum weitaus selbstsicherer, als Sie tatsächlich sind. Das ergibt sich schon allein daraus, dass kaum jemand aus dem Publikum mit Ihnen tauschen wollte. Seien Sie sich sicher, dass die meisten Ihrer Zuhörer Hemmungen haben, vor anderen aufzutreten – und zwar auch diejenigen, von denen sie es am wenigsten erwarten würden. Zuhörer haben fast schon automatisch Respekt und Anerkennung für denjenigen übrig, der sich traut, nach vorne zu gehen.

Überblick: Wie Sie die Nervosität in den Griff bekommen

1. Nervös zu sein ist keine Schande. Nervosität ist ein Zeichen dafür, dass einem etwas wichtig ist.
2. Bauen Sie Adrenalin ab: Spannen Sie Muskeln an.
3. Signalisieren Sie Ihrem Gehirn, dass alles in bester Ordnung ist: Wackeln Sie mit den Zehen und aktivieren Sie dadurch die „positive Expressleitung“ zum Gehirn.
4. Eine gute und zeitlich großzügige Vorbereitung ist mehr als nur die halbe Miete. Mangelnde Vorbereitung dagegen ist eine Garantie für Nervosität.
5. Üben Sie Ihren Einstieg. Lernen Sie ihn auswendig und üben Sie diesen laut zu sprechen. Denken Sie daran: Die gedankliche Übung ist nicht dasselbe wie die gesprochene Übung.
6. Seien Sie sich sicher, dass Sie weitaus sicherer wirken, als Sie tatsächlich sind.
7. Übung macht den Meister: Überwinden Sie das Henne-Ei-Problem und suchen Sie aktiv die Gelegenheit, öffentlich zu sprechen. Das können Familienfeiern oder Eigentümerversammlungen sein. Mit wachsender Häufigkeit Ihrer Auftritte gewinnen Sie an Selbstsicherheit und sind für den Ernstfall umso besser gerüstet,
8. Lassen Sie sich davon antreiben, dass öffentlich sprechen zu können der direkte Weg zu gesellschaftlicher Anerkennung und einer interessanten Karriere sind.
9. Entwickeln Sie hilfreiche Routinen. Suchen Sie zum Beispiel vor der Veranstaltung oder Ihrer Rede Kontakt zu anderen Teilnehmern bzw. Zuhörern, von denen Sie den einen oder

anderen Anknüpfungspunkt hören, auf den Sie sich später vielleicht sogar beziehen können. Hilfreich ist auch, dass Sie in der Gruppe bzw. in dem Plenum schon Gesichter kennen, mit denen Sie Blickkontakt aufnehmen und ein Lächeln austauschen können. Sie werden schnell feststellen, dass diese Zuhörer nicken und Ihnen wohlgesonnen sind. Erweitern Sie dann den Blickkontakt auf das ganze Plenum.

Wohlklang oder Hohlklang: Stimmige Tipps für die Stimme

Wohlklang oder Hohlklang? Wenn Menschen aufgeregt sind, so ändert sich die Tonlage, in der sie sprechen. Insbesondere bei Frauen – die ohnehin schon in einer höheren Tonlage kommunizieren – kann es dazu kommen, dass ihre Stimme dann zu hoch und damit manchmal schon unangenehm wird. Jedermann – und insbesondere jede Frau – der Auftritte absolviert, tut sich einen Gefallen damit, an der Stimmbildung zu arbeiten. Es geht nicht nur darum, dass man in der Lage ist, Botschaften optimal zu überbringen, sondern auch darum, dass man lange Zeit ohne Anstrengung sprechen kann. Wer seine optimale Tonlage nicht gefunden hat, stellt fest, dass seine Stimme schnell ermüdet.

Wer dagegen in optimaler Tonhöhe unterwegs ist, kann quasi tagelang ohne Punkt und Komma reden. Physikalisch betrachtet bestimmt die Anzahl an sogenannten Formanten die Klangfarbe eines Tons. Mit Formanten sind die Anteile an Obertönen gemeint, die mitschwingen, aber für unser Gehör nicht einzeln identifizierbar sind. Was wir als Klang einer Stimme bezeichnen, ist also immer ein Gemisch aus vielen Tönen unterschiedlicher Frequenzen.

Die Stimme hat ihren Sitz im Kehlkopf, der somit für den Frequenzbereich zuständig ist. Körperform und Körpervolumen haben nur untergeordneten Einfluss auf die Klangfarbe einer Stimme. Die Sopranistin Maria Callas beispielsweise verfügte einige Jahre über Übergewicht und eine entsprechende Körperfülle. Nach einer radikalen Schlankheitskur war ihre Stimme nach Einschätzung von Experten besser denn je.

Wenn Ihre Stimme zu hoch ist, piepsig und schwankend, Ihrer Stimme also etwas das Fundament fehlt, liegt es häufig daran, dass Sie aus Gewohnheit die tieferen Tonlagen beim Sprechen vernachlässigen. Reden Sie für sich einige Sätze am Tag bewusst mit tiefer Stimme und eignen Sie sich so eine sonorer klingende Stimme an.

Laut und leise: Der Wechsel macht's

Laut und leise; schnell und langsam; eindringlich und leidenschaftlich; nah und fern – Pause. Der Wechsel zwischen all dem beschreibt das, was wir als Dynamik bezeichnen. Interessant wird diese Dynamik insbesondere bei öffentlichen Auftritten. Oftmals denken Redner, sie müssten ihren Enthusiasmus und ihre Überzeugung durch ihre Körpersprache zum Ausdruck bringen. Das führt häufig dazu, dass sie überschwänglich gestikulieren, wobei die Gestik nicht immer zum Inhalt passt.

Unglaubwürdig wird das insbesondere dann, wenn der Redner trotz großer Ausholbewegungen monoton spricht und seinen Text regelrecht herunterleiert. Eine monotone Tonlage ist einer der größten Fehler, die man überhaupt begehen kann. Sie schläfert das Publikum ein und lässt es verpassen, wenn etwas Wichtiges gesagt wird. Wer stets leise redet, wirkt unsicher – eine ständig zu laute Stimme ist dagegen auch keine Lösung, denn sie wirkt ebenfalls unangenehm. Der Zuhörer fühlt sich nicht selten angebrüllt und dadurch dominiert. Entscheidend ist der geschickte Wechsel zwischen laut und leise. Wie in der Musik, wo laute und leise Passagen einander ablösen und Spannung aufbauen, können Sie mit variabler Lautstärke Aussagen betonen, Akzente setzen und die Zuhörer an sich binden.

Achten Sie doch einmal darauf, wie zum Beispiel Politiker die Lautstärke ihrer Stimme einsetzen. Eine Aussage wie: „Das lassen wir uns nicht bieten" wird der Redner mit hoher Lautstärke und deutlicher Betonung sprechen. Für die wirklich wichtige, sich anschließende Botschaft senkt er die Stimme, um Aufmerksamkeit zu erlangen. Merken Sie sich: Die wichtigen Dinge müssen Sie nicht laut sagen, sondern unbedingt leise. Das ist, als würden Sie vor einer unruhigen Schulklasse stehen. Je lauter Sie sprechen, umso höher steigt auch der Lärmpegel der Schüler. Sie reden gegeneinander an, ohne dass man sich gegenseitig verstehen würde. Erst die leisen Akzente sorgen für Aufmerksamkeit und gespannte Zuhörer. Das gilt natürlich nur dann, wenn wir zuvor durch den Wechsel von laut zu leise einen Spannungsbogen geschaffen haben. Die meisten ungeübten Redner sprechen permanent viel zu leise. Aus Seminaren weiß ich, dass die Teilnehmer regelmäßig entsetzt sind, wenn Sie das erste Mal richtig laut sprechen sollen. Es hat sich dabei ein Ratschlag herauskristallisiert, den Sie sich zu Herzen nehmen sollten: Ihre Lautstärke ist erst dann laut genug, wenn Sie das Gefühl haben, Sie würden das Publikum anschreien.

Eilen Sie dem Publikum nicht davon

In Vorstellungsgesprächen machen Bewerber häufig den Fehler, dass sie so schnell wie möglich den Ort des Geschehens wieder verlassen wollen. Ganz ähnlich geht es vielen Rednern. Sie beginnen bereits zu sprechen, bevor sie überhaupt das Podium richtig erreicht haben, und absolvieren einen Abgang, wenn sie sich eigentlich artig für ihren Applaus bedanken sollten. Nahezu alle ungeübten Redner fliegen über den Text und reden viel zu schnell. Gerade zu Beginn eines Auftritts, wenn die Nervosität am größten ist, müssen Sie sich dazu zwingen, langsam zu sprechen. Auch hier gilt die oben genannte Devise in abgewandelter Form: Wenn Sie selbst das Gefühl haben, Sie würden viel zu langsam sprechen, ist es genau richtig. Verwässern Sie Ihren Redeschluss nicht und rennen Sie auch nicht einfach weg. Genießen Sie den Dank der Zuhörer. Nach dem Spiel ist vor dem Spiel. Jetzt beginnt die Vorbereitung für Ihren nächsten Vortrag. In größeren Gruppen besteht auch die Möglichkeit, die Zuhörer zum Klatschen aufzufordern. Dies geschieht am besten, indem Sie sagen: „*Sie waren ein tolles Publikum, dafür möchte ich Ihnen ausdrücklich danken.*" Nun klatschen Sie und werden sehen, dass die anderen auch Beifall spenden werden.

Geben Sie sich Luft zum Atmen

Wer aufgeregt ist, atmet gern zu flach. In der Folge geht einem beim Sprechen die Luft aus. Wenn an ungünstigen Stellen dann nach Luft geschnappt werden muss, erhöht sich das Sprechtempo, weil die Sauerstoffnot einen durch die Sätze hetzt. Das Sprechen wird unruhig, die Stimme überschlägt, die Silben verirren sich irgendwo im Mund – doch den Weg zum Gesprächspartner finden sie nicht. Daher ist bereits bei der Vorbereitung ein Fokus auf die richtige Atmung zu legen. An der Stelle wird wieder deutlich, warum es so wichtig ist, dass nicht nur innerlich oder besser gesagt mental geübt wird, sondern auch laut ausgesprochen wird.

Wenn Sie mental üben, haben Sie keine Atemprobleme. Das ändert sich dann unter Umständen, wenn Sie auf der Bühne stehen. Atmen Sie tief ein, sodass sich der Bauch etwas wölbt. Nun können Sie Ihren Luftvorrat locker für eine Satzsequenz einsetzen und zwischen zwei Sätzen immer wieder eine kurze Sprechpause einlegen, um nach Luft zu schnappen. Widerstehen Sie der Versuchung, Atempausen verbal zu füllen. Ihr Publikum ist aufmerksam. Es möchte wissen, wie Ihre Ansprache weitergeht. Das, was Ihnen als lange Atempause vorkommt, nimmt das Publikum überhaupt gar nicht wahr. Den größeren Fehler machen Sie, wenn Sie durch den Vortrag hetzen und Ihren Zuhörern keine Zeit geben, das Gesagte zu verarbeiten.

Ungeübte Redner sind erstaunlich gut darin, einen Satz an den anderen zu hängen und dazwischen so gut wie keine Pausen zuzulassen. Das ist wohl der Tatsache geschuldet, dass sie so schnell wie möglich zum Ende kommen wollen, um dann so rasch wie möglich von der Bühne stürzen zu können. Bei diesem Eiltempo hängen sie die Zuhörer jedoch ab. Für die Verständlichkeit ist es elementar wichtig, dass dem Publikum klar wird, wo ein Satz anfängt und wo er endet. Ein gutes Hilfsmittel, das bei der Suche nach der richtigen Sprechgeschwindigkeit unterstützen kann, ist eine Aufzeichnung per Video oder Audio. Erst wenn Sie sich selbst hören, werden Sie beurteilen können, wie Ihre Sprechgeschwindigkeit wirkt.

Verstanden wird darüber hinaus nur derjenige, der deutlich spricht. Häufige Ursache einer undeutlichen Sprache ist das Verschlucken von einzelnen Silben. Hier hilft nur eins: Bringen Sie nicht nur Ihre Sätze deutlich zu Ende, sondern jede einzelne Silbe. Machen Sie beim Sprechen den Mund auf, schaffen Sie Ihren Worten Platz, üben Sie die betonte, akzentuierte Aussprache von Silben, Worten und Sätzen. Hier finden Sie einige praktische Übungen aus der Schauspielerpraxis, mit denen Sie stimmgewaltig werden können:

- ***Lockern Sie sich:*** Es ist wichtig, dass Sie sich vor den Stimmübungen extra lockern. Das Lockern kann entweder im Stehen oder im Sitzen geschehen. Im Stehen hüpfen oder wippen Sie auf der Stelle und lassen Ihren ganzen Körper locker – sodass Ihre Arme und der Kopf herunterhängen und mit jedem Hüpfen hin und her schlenkern. Auch die Gesichtsmuskeln sollten schön locker gelassen werden. Zugegebenermaßen sieht das seltsam aus, es ist jedoch zum Glück eine Übung, die man gern im Verborgenen durchführen darf.
- ***Gähnen Sie:*** Gähnen ist aufgrund der erzeugten Zwerchfellspannung und der Weitung des Mund- und Rachenraums sehr gut für Ihre Artikulation und Ihren Stimmumfang. Wenn es Ihnen am Anfang schwerfällt, auf Kommando zu gähnen, so versuchen Sie einmal Folgendes: Versetzen Sie sich in Gedanken an die Morgenstunden, an denen Sie noch wohlig in Ihrem warmen Bett lagen und in den Tag hineingeträumt haben.
- ***Finden Sie Ihre optimale Tonlage:*** Bei jedem Menschen ist die ideale Tonlage eine andere. Sie können Ihre finden, indem Sie im Sitzen oder Stehen ein „mhm“ summen. Dieses „mhm“ muss nicht besonders laut sein – die Lautstärke richtet sich alleine danach, was Ihnen angenehm ist. Summen Sie nun mit diesem „mhm“ mehrere Male in eine höhere Tonlage und anschließend in eine tiefere Tonlage – auf und ab. Innerhalb dieser Spanne liegt irgendwo Ihre angenehmste Stimmlage. Wenn Sie Ihre Stimmlage gefunden haben, summen Sie Wortpaare „Mmmaaannnn uunndd Mmmaaauuus, Wwwiiinnndd uunndd Wwweeellleen, Mmmuuunnndd uunndd Nnaasseee“. Zunächst summen Sie diese Wörter ungefähr 10 Mal in der gleichen Lautstärke. Anschließend beginnen Sie, sich immer weiter in der Lautstärke zu steigern: Am Anfang des „Mmaaannn“ hat Ihre Stimme normale Lautstärke, in der

Mitte des „Mmaaannn“ haben Sie die höchste Lautstärke, anschließend schwillt die Stimme wieder ab. Dieses An- und Abschwellen der Stimme üben Sie zehn Mal. Anschließend werden Sie spüren, dass Sie im Zwerchfellbereich an Raum/ Stimmvolumen gewonnen haben und vermeintlich „mehr Platz im Bauch“ haben.

- ***Kurzer oder langer Vokal?*** Sensibilisieren Sie sich für kurze und lange Vokale, indem Sie folgende Wörter deutlich nachsprechen: Mode – Motte / Schade – Schatten / Ruhm – Rum / Rose – Ross / Liebe – Lippe
- ***Probieren Sie die Korken-Übung aus!*** Sie werden überrascht sein, wie diese Ihre Aussprache verbessern kann. Suchen Sie sich einen Korken aus, der daumendick ist, und beißen Sie mit den Vorderzähnen auf den Korken. Achten Sie dabei darauf, dass so viel Korken wie möglich aus Ihrem Mund herausschaut. Mit dem Korken im Mund sprechen Sie nun oben stehende Worte mit kurzen und langen Vokalen deutlich nach. Danach sprechen Sie die Worte noch einmal ohne Korken (insgesamt circa sechs Wiederholungen – dreimal mit und dreimal ohne Korken). Anschließend suchen Sie sich einen kurzen Text oder ein Gedicht Ihrer Wahl und sprechen diese ebenfalls mit dem Korken deutlich nach. Anschließend noch einmal laut lesen ohne die Korkensperre im Mund.
- ***Laut, leise, schnell, langsam:*** Damit eine Rede interessant ist und die Zuhörer fesselt, ist neben der Stimme auch der Inhalt entscheidend. Die meisten Redner bereiten sich jedoch nur auf den Inhalt der Rede vor – und vernachlässigen die Stimmlage dabei vollkommen. Dabei sind die stimmlichen Grundsätze einer interessanten Rede simpel: „Sprich einmal laut, einmal leise, einmal schnell, einmal langsam.“ Das hört sich im ersten Moment sehr einfach an, erfordert aber in der

Umsetzung etwas Übung. Erarbeiten Sie sich für den Anfang eine Art „Drehbuch“ für Ihre Rede: Machen Sie sich auf Ihren Unterlagen Zeichen, die Sie daran erinnern laut (wenn Ihnen Ihre Stimme schon zu laut vorkommt, ist es genau richtig), leise, schnell oder langsam zu sprechen. Üben Sie. Am besten mit Zungenbrechern. Dabei lernen Sie am besten, wie der Einsatz von Tempo, Pausen und Rhythmus die Verständlichkeit und Sprechbarkeit moduliert. Zum Beispiel: In Ulm um Ulm und um Ulm herum – Wenn Fliegen hinter Fliegen fliegen, fliegen Fliegen Fliegen nach – Der Cottbuser Postkutscher putzt den Cottbuser Postkutschkasten.

Idealerweise führen Sie die Übungen dreimal pro Woche von Anfang bis Ende durch. Direkt nach den Übungen werden Sie einige Stunden in einer ausdauernden und voluminös klingenden Stimmlage sprechen können. Damit Sie dauerhaft Ihre Stimmlage optimieren, müssen Sie etwa ein halbes Jahr lang regelmäßig „trainieren“. Ich weiß, dass solche Übungen ein wenig albern klingen, aber glauben Sie mir: Die erfolgreichen Redner machen sie trotzdem. Sie müssen jetzt eine Entscheidung treffen. Wollen Sie ein guter erfolgreicher Redner werden? Sehen Sie, dann wissen Sie, was jetzt zu tun ist.

Warum Details entscheidend sind und alles zählt

Während eines wichtigen Golfturniers steckte der große Golfer Gary Player in einer Sandfalle. Die Situation erforderte einen besonderen Schlag. Er ging den Schlag einige paar Male gedanklich durch und fokussierte all seine Aufmerksamkeit auf den

Ball. Als er zum Schlag ansetzte, flog der Ball in einer Sandwolke in Richtung Himmel, verweilte für einen Moment im Stillstand, fiel herunter, schlug zweimal auf und blieb schließlich einen halben Meter vor dem Loch liegen. Als er nach dem Schlag über das Grün lief, rief ein Zuschauer: „Hey Gary, was für ein Glücksschlag!“ Gary Player hielt inne und drehte sich zu dem Mann um: „Vermutlich haben Sie recht“, sagte er. „Aber wissen Sie, es ist eine witzige Sache. Je mehr ich trainiere, desto besser werde ich und je besser ich werde, umso mehr Glück habe ich.“

Jede Kleinigkeit kann den entscheidenden Unterschied ausmachen. Es gibt viele unglaublich gute Profigolfer auf dieser Welt. Und trotzdem kann jedes Turnier nur von einem Spieler gewonnen werden. Für uns Außenstehende sieht das dann manchmal aus, als hätte der Spieler Glück gehabt. Im entscheidenden Moment macht er den perfekten Putt oder einen genialen Abschlag und steht auf dem Siegertreppchen. Für den Spieler selbst hat das wenig mit Glück zu tun: Er hat nicht selten jahrzehntelang daraufhin gearbeitet, den besten Caddy beschäftigt, am Golfschwung gearbeitet und auf viele Versuchungen verzichtet. Letztlich haben tausend verschiedene Details dazu geführt, dass nun der Siegerpokal in Händen gehalten werden kann.

Für den Spieler selbst gab es nicht den einen entscheidenden Schlag, der ihm den Sieg geschenkt hat. Aus seiner Sicht hat er Tausende von Tasten gedrückt, um dann endlich den großen Schalter umlegen zu können. Das bedeutet – übertragen auf unsere „Welt“ –, dass nicht nur einer der vorgestellten Schlüsselfaktoren zu einer mitreißenden und wirkungsvollen Rede führen könnte. Vielmehr ist es ein Zusammenspiel aus allen Elementen, die erst zusammengenommen zu dem ganz großen Auftritt führen – Sie haben also nichts zu verschenken. Das gilt übrigens auch dann, wenn Sie nicht vor großem Publikum stehen.

Sei es also vor großer Runde oder in vertrautem Kreis: Die vorgestellten Ideen erfahren stets dann Gültigkeit, wenn Sie von Mensch zu Mensch kommunizieren.

Umgang mit Zwischenrufern und Zwischenfällen

Alles, was Sie selbst betrifft, können Sie hervorragend vorbereiten. Dann bleibt aber noch ein kleines Quäntchen Unsicherheit – und das liegt bei den anderen Beteiligten. Nicht immer befinden sich die Teilnehmer freiwillig im Plenum. Nicht jeder Zuhörer teilt Ihre Meinung – jeden zu überzeugen ist eine Kunst, die niemand beherrscht. Als Pac-Man versuchen Sie natürlich, so viele Vorbehalte wie möglich einzusammeln. Dennoch gibt es das eine oder andere Monster im Publikum, das Sie ins Schwitzen bringen kann.

So meistern Sie Zwischenrufe

Vermeiden Sie die Worte „Zwischenruf" und „Einwand". Verwenden Sie besser die Formulierungen „Fragen" und „Kommentare". Wenn also Kritik aus dem Publikum hörbar wird, so sagen Sie zu dem Kritiker nicht: „Vielen Dank für Ihren Einwand", sondern *„Vielen Dank für Ihre Frage/für Ihren Kommentar"*. Es mag schon sein, dass die Worte „Zwischenruf „oder „Einwand" berechtigt gewesen wären – sie machen jedoch auch dem Rest des Publikums deutlich, dass da jemand im Publikum sitzt, der eine andere Meinung vertritt. Das müssen Sie so schnell wie möglich unterbinden. Auf gar keinen Fall dürfen Sie es zulassen, dass eine einzelne Person aus dem Publikum Ihre Autorität auf der Bühne infrage stellt. Souverän und überzeugend wirkt nur derjenige, der sich auch durchsetzen und seine Botschaft glaubhaft argumentieren kann. Gerade deswegen ist es wieder so wichtig, dass Sie in der Lage sind, Ihre Botschaft in verschiedenen Variationen rüberzubringen. Natürlich wird an dieser Stelle auch entscheidend sein, dass Ihre Botschaft Substanz hat. Sonst kann Sie ein „Monster" aus dem Publikum schnell entlarven und aus dem Tritt bringen.

Vermeiden Sie Privatdiskussionen und räumen Sie dem Zwischenrufer nicht unnötig viel Redezeit ein: Sie dürfen von der Bühne aus nicht in ein Zwiegespräch mit dem Kritiker eintreten. Damit würden Sie sich eine Zeitbombe ans Bein binden, von der man nicht weiß, wann sie genau explodieren wird. Sicher ist nur, dass die Detonation nicht allzu lange auf sich warten lassen würde. Bei Privatdiskussionen fühlt sich das Publikum wie früher bei einer Fehde auf freiem Feld. Man kann aus dem geschützten Raum heraus alles genau beobachten und legt am Ende einen Sieger und einen Verlierer fest. Es wäre möglich, dass der Sieger im Publikum sitzt und der Verlierer auf der Bühne steht. Das wäre dann keinesfalls in Ihrem Sinne. Antworten Sie dem Kritiker auf seinem Kommentar, aber geben Sie ihm keine Zeit, auf Ihre Antwort zu reagieren.

Wer auf der Bühne steht, ist der Chef, und entscheidet. Sprechen Sie weiter, wechseln Sie das Thema und machen Sie ja keine Pause. Sonst laufen Sie Gefahr, dass der andere doch noch einmal nachhakt. Meiden Sie den Blickkontakt zum Kritiker, und adressieren Sie Ihre Antwort vielmehr an das gesamte Publikum. Durch einen intensiven Blickkontakt könnte sich der Kritiker eingeladen fühlen, erneut in die Diskussion einzusteigen. Erst, wenn Sie „danach" mindestens zwei Minuten ohne Unterbrechung gesprochen haben, gilt der Kommentar als „kalter Kaffee".

Nicht jeder Kommentar ist eine Antwort wert: Lassen Sie sich nicht an den Karren fahren. Mancher Einwand entbehrt jeglicher Logik und entwaffnet sich von alleine. Es ist daher legitim, einen unsachlichen oder unqualifizierten Zwischenruf zu überhören.

Bleiben Sie freundlich und sachlich: Es ist für den Kritiker eine Befriedigung, wenn er sieht, dass er Sie am unangenehmen Haken hat. Am schnellsten können Sie ihm zeigen, dass er ins Schwarze getroffen hat, wenn Sie ungeduldig oder unfreundlich werden. Im Umkehrschluss bedeutet das, dass Sie besser weiterhin freundlich lächeln, sich für den Kommentar bedanken und zu einer gelassenen Antwort ansetzen. Unterschätzen Sie auch nicht die Kollegialität eines Publikums. Wenn Sie einen Zuhörer vor anderen „zur Schnecke machen", so stellt sich das Publikum hinter den Zwischenrufer und gegen den Redner.

Sagen Sie, dass Sie nichts sagen: Wenn Ihnen im Moment der Kritik einfach keine passende Antwort einfallen möchte, so vertagen Sie diese. Sagen Sie einfach, dass Sie mit dieser Frage gerechnet haben und den Zuhörer noch um ein wenig Geduld bitten möchten, da Sie auf diesen Punkt später zu sprechen kommen werden/sich dieser einem späteren Zeitpunkt von selbst erledigen wird.

Lassen Sie die Zuhörer für sich antworten: Nicht immer gibt es auf eine kritische Stimme die eine richtige Antwort. Häufig sind Zwischenrufe sehr subjektiv. Es bietet sich dann an, sich Verstärkung im Publikum zu holen und die Frage an die Zuhörer weiterzureichen: „ *Eine interessante Frage. Was meinen denn die anderen dazu?*"

Durchbrechen Sie die Erwartungshaltung des Kritikers: Sie müssen sich Folgendes vorstellen. Der Kritiker freut sich, dass er seinen Kommentar abgegeben hat, lehnt sich nun entspannt in seinem Stuhl zurück und möchte Ihnen dabei zusehen, wie Sie sich der schwierigen Situation entwinden. Durchkreuzen Sie seinen Plan, indem Sie eine Rückfrage stellen. Zum Beispiel: *„Wie kommen Sie darauf?"* oder *„Warum?"*. Widerstehen Sie der Versuchung, sich in diesem Moment zu rechtfertigen. Ihre Rückfrage muss kurz und knapp ausfallen, um den Kritiker überraschen zu können. Ihm darf keine Zeit bleiben, den Überraschungsmoment zu überwinden, während er Ihnen zuhört – umso schwerer tut er sich mit seiner Antwort auf Ihre Frage.

„Dürfte ich Sie bitten, kurz aufzustehen und sich vorzustellen? *Ich kann Sie gar nicht richtig sehen/ das Publikum kann Sie sonst nicht richtig sehen. Ein Handmikrofon müssten wir hier auch noch irgendwo für Sie haben ..."* Wetten, dass der Wortbeitrag des Kritikers jetzt plötzlich etwas bescheidener ausfällt? Aus der Anonymität und aus dem Schutz der Masse heraus fragt es sich einfach leichter. Sobald Sie den Kritiker ins Rampenlicht setzen, ist er plötzlich nicht mehr so mutig. Doch Vorsicht mit dem Mikrofon: Sollten Sie dem Kritiker ein Mikrofon in die Hand drücken, kann er jederzeit zu weiteren Kommentaren ansetzen, die dann keiner mehr so leicht überhören kann ...

Vertagen Sie sich: Sagen Sie dem Zwischenrufer, dass Sie diesen Punkt später mit ihm besprechen würden und ihn einladen, im Anschluss an den Vortrag zu Ihnen an die Bühne zu kommen. Begründen Sie diesen Entschluss zum Beispiel damit, dass der Fall zu individuell sei, als dass man ihn jetzt im Plenum ausführlich erörtern könnte.

Love it, leave it or change it: Souverän bei Meinungsverschiedenheiten

Ein großes Publikum ist leichter im Griff zu halten als ein kleines Publikum. Durch die Anonymität einer großen Gruppe ist es für den Einzelnen viel schwieriger, sich aus dieser herauszunehmen und kritische Fragen zu stellen. Meinungsverschiedenheiten werden daher häufiger in kleinen Gruppen deutlich und für den Redner zur Herausforderung. Auch gibt es Redeanlässe, in denen der Redende nicht zwingend Führungsanspruch hat, zum Beispiel weil er vor seinem Chef spricht oder einem Kunden etwas verkaufen möchte.

Stellen wir uns im Folgenden vor, dass der Mitarbeiter einer Unternehmensberatung seinen Kunden ein neues Beratungskonzept vorstellen möchte. Es steht nicht zu erwarten, dass der Kunde permanent „Hurra!" ruft. Er wird das Konzept des Beraters auf Herz und Nieren prüfen und eventuell auch seine abweichende Sichtweise kundtun. Nun muss der Berater aufpassen, dass sich die Fronten zwischen ihm und dem Kunden nicht verhärten. Formulierungen wie „Sie müssen doch einsehen, dass ..." oder „trotzdem" sind jetzt fehl am Platze. Das Ziel des Beraters lautet, dem Kunden das Beratungskonzept schmackhaft zu machen – ein Streitgespräch wäre da sicherlich nicht hilfreich.

1. *Love it*

Lieben Sie die andere Meinung. Die erste Möglichkeit, mit einer anderen Meinung umzugehen, ist die, dass man die Sicht des anderen akzeptiert und diese als weitere Position zu diesem Thema quittiert. Die Antwort würde dann lauten: *„So können Sie es auch sehen"* oder schlicht *„ja"*. Als weitere Kommentare sind denkbar: *„Aha. Durchaus denkbar. Ich habe Ihre Sichtweise verstanden."* Das ist Ihnen insbesondere dann möglich, wenn diese Meinung Ihrer eigenen nicht in die Quere kommt.

2. ***Leave it***

Verlassen Sie den Argumentationsschauplatz. Lassen Sie sich nicht darauf ein, während Ihres Vortrags mit dem Gegenüber über einen bestimmten Punkt zu diskutieren. Das verhärtet Fronten und führt dazu, dass man sich noch stärker auf die eigene Sichtweise versteift. Gehen Sie weiter „im Text", widmen Sie sich zunächst einem anderen Argumentationspunkt und kehren Sie später unauffällig zu dem Punkt zurück, an dem sich die Geister schieden. Sprechen Sie diesen „kritischen" Punkt bei der Rückkehr nicht explizit an, sondern versuchen Sie, über die Variante „Change it" eine andere Sichtweise des Kritikers heraufzubeschwören. Das wird jedoch nur dann funktionieren, wenn Sie Ihre Botschaft geschickt über eine andere Methode transportieren.

3. ***Change it***

Verändern Sie die Sichtweise des Gegenübers. Geben Sie noch nicht auf, zum Beispiel, weil Sie bemerkt haben, dass der andere noch nicht alle Facetten des Vorschlags erfasst und verstanden hat. In der Folge ist er zu diesem Zeitpunkt noch gar nicht in der Lage, sich eine abschließende Meinung zu bilden. Erläutern Sie Ihr Anliegen mit anderen Worten: wählen Sie eine andere Methode, mit der Sie dem Gegenüber die Botschaft liefern. Führen Sie dadurch eine Änderung oder Klarheit herbei. Formulierungen können lauten: *„Zum besseren Verständnis ..."* oder *„Um noch einmal deutlich zu machen ... mir geht es darum, dass ..."*

Einwand oder Vorwand? Manchmal sagen Kunden „Das ist zu teuer". In der Folge widmet sich der Kundenberater diesem Argumentationspunkt und versucht, den Kunden davon zu überzeugen, dass der Preis in einem gesunden Verhältnis zur Leistung steht. Es kann aber sein, dass er mit dieser Argumentation am Kunden vorbeiredet. Die allererste Frage lautet nämlich, ob der Kunde wirklich meint, was er sagt. Vielleicht ist es ja auch so, dass es in Wirklichkeit gar nicht darum geht, dass eine Leistung zu teuer ist – vielleicht lautet die Wahrheit, dass der Kunde in diesem Moment nicht über den Auftrag entscheiden darf oder das Budget erschöpft ist und er das alles nicht zugeben möchte. Also erscheint es ihm am bequemsten, sich auf die Ausrede zu flüchten, dass das Angebot zu teuer sei.

Wenn nun jedoch der Kundenberater auf dieser Ausrede herumreitet, steht er auf verlorenem Posten. Er versucht, eine Sichtweise zu ändern, die der Kunde in Wahrheit gar nicht hat. In diesen Fällen müssen Sie herausfinden, ob es sich bei der Bemerkung um einen Einwand oder einen Vorwand handelt. Ein Vorwand würde vorliegen, wenn die Bemerkung „das ist zu teuer" nicht der Wahrheit entspricht und es sich um eine Ausrede handelt. Ein Einwand liegt vor, wenn der Kunde tatsächlich die Meinung vertritt, dass die Leistung zu teuer ist. Um das eine vom anderen zu unterscheiden, müssen Sie dem Gegenüber die folgende Frage stellen: „*Was wäre, wenn wir die Preisproblematik lösen könnten. Wäre unser Angebot dann interessant für Sie?*" Handelt es sich um einen Einwand, wird der Kunde mit „ja" antworten. Handelt es sich dagegen um einen Vorwand, wird er mit „nein" antworten bzw. das an dieser Stelle zu erkennen geben müssen. In der Folge wissen Sie, was zu tun ist und worauf Sie Ihre Argumentation ausrichten müssen.

Im Rampenlicht: *Umgang mit den Medien*

TV-Duelle haben vor Bundestagswahlen mittlerweile bereits Tradition. Die eigentliche Geschichte der Fernsehdebatten begann jedoch im amerikanischen Präsidentschaftswahlkampf im Jahre 1960 mit dem Aufeinandertreffen zwischen dem republikanischen Richard Nixon und seinem demokratischen Kontrahenten John F. Kennedy. Nixon war der Favorit, doch hatte er einen längeren Krankenhausaufenthalt hinter sich, bei dem er fast 14 Kilogramm abgenommen hatte. Von unzähligen Wahlkampfterminen gehetzt, traf er blass und kränklich im Studio ein und war auch noch schlecht rasiert. Weil der sonnengebräunte Kennedy nicht geschminkt werden wollte, verzichtete auch Nixon auf einen Maskenbildner. In der Debatte versagte ihm häufig die Stimme. Während Kennedy in die Kamera blickte und so das Publikum vor dem Fernseher direkt ansprach, wendete sich Nixon an Kennedy, als wolle er ihn überzeugen. Nixon verlor das Duell – und später übrigens auch die Wahl. 42 Jahre später fand in Deutschland das Kanzlerduell zwischen Gerhard Schröder und Edmund Stoiber statt. Man erzählt sich, dass beide Kandidaten vor dem Duell einige Sonderwünsche geäußert hätten. So hätte Gerhard Schröder – mit 1,74 Metern Körpergröße nicht gerade ein Riese – angeblich lieber im Sitzen auftreten wollen, damit der Größenunterschied nicht so ins Gewicht fällt. Tatsächlich gibt es – wenn auch nicht aus diesem TV-Duell – einige Bilder von Gerhard Schröder, auf denen er auf einer Kiste steht, um größer zu wirken, als er tatsächlich ist.

Stellen Sie sich gut auf

Ein medialer Auftritt ist heutzutage keineswegs mehr flüchtig. Über YouTube oder Clipfish ist jede noch so winzige Aufnahme auffindbar und für immer archiviert. Und man muss auch nicht gleich Kanzlerkandidat sein, um in Berührung mit den Medien zu kommen: Sei es als Pressesprecher, Sportler, Unternehmer oder als sonst jemand, der Interessantes zu sagen hat. Ein Auftritt in den Medien ist stets ein besonderes Geschenk. Machen Sie Ihre Sache gut, werden Sie in der Zukunft umso häufiger nach weiteren Auftritten gefragt. Kein Redakteur der Welt geht gerne ein Risiko ein – warum sollte er einen unbekannten und unsicheren Kandidaten nach einem Statement fragen, wenn er doch auch Sie nehmen kann? Damit man im Augenblick der Wahrheit auch wirklich gut rüberkommt, gibt es einige Besonderheiten zu beachten. Denn über eine Fernsehkamera oder ein Radiomikrofon entsteht Wirkung anders als beim Auftritt von Angesicht zu Angesicht.

Punkten Sie – mit Kürze und mit Bildern

Sprechen Sie in ein Radiomikrofon, so entsteht Wirkung allein aufgrund von Stimme und Wortwahl – nonverbale Signale bleiben für den Zuhörer weitgehend unbemerkt. Wohl ist es wahr, dass ein Lächeln hörbar ist und natürlich würde man auch bemerken, wenn Sie wie ein Schluck Wasser in Ihrem Sessel sitzen und darum nur wenig Stimmvolumen haben, aber ansonsten konzentriert sich alles auf die rein verbale Ebene. Das bedeutet auch, dass Füllwörter, oder eine auffallende Vorliebe für ein bestimmtes Wort, viel schneller deutlich werden, als das bei anderen Auftritten der Fall ist. Sollten Sie Radiokontakt haben, so tun Sie gut daran, Ihre Stimme zu trainieren und Ihre Kernbotschaften zu verfeinern. Denken Sie daran, dass Sie wie ein Tennisspieler sind, der seinen besten Schlag platzieren möchte.

Ihr bester Schlag besteht aus Ihrem besten Argument. Lassen Sie sich nicht zu viel Zeit damit, ein gutes Argument zu platzieren. Sie sollten sich nämlich lieber nicht drauf verlassen, dass Sie hierfür eine zweite Chance bekommen. Mit ein bisschen Pech entwickelt sich das Gespräch in eine andere Richtung und Sie haben einen wichtigen Schlag ins Netz gehauen. Auch haben Sie bei Medienkontakten viel weniger Zeit, um Ihre Botschaften auf den Punkt zu bringen. Orientieren Sie sich an der Devise, dass eine Kernbotschaft aus nicht mehr als zehn Worten bestehen darf. Da der Zuhörer tatsächlich nur ein Zuhörender ist und nichts sieht, ist es umso wichtiger, dass Sie durch die Verwendung einer bildhaften Sprache Bilder in den Köpfen der Zuhörer malen.

Ihre Körpersprache sollten Sie kennen

Stehen Sie vor laufenden Kameras, haben Sie den Vorteil, dass Sie nicht nur über die verbale Ebene, sondern eben auch über Nonverbales wirken können. Manch einer würde jedoch behaupten, dass das nicht zwingend ein Vorteil sein muss: Der deutsche Fußballspieler Miroslav Klose gab vor einiger Zeit ein Interview im Anschluss an ein Spiel. Der Reporter stellte Klose die erste Frage und als Klose zu seiner Antwort ansetzte, sah man, wie seine rechte Hand ins Bild kam und er sich damit erst einmal ausführlich am Hinterkopf kratzte, während er gleichsam eine Antwort – gespickt mit Füllwörtern – zusammenkratzte. Die zweite Frage wurde gestellt und nun konnte man beobachten, wie Klose bei der zweiten Antwort die linke Hand ins Bild hob und sich nochmals ausführlich den Hinterkopf rieb. Noch in derselben Antwort verschwand die linke Hand aus dem Bild – doch der Zuschauer musste nicht lange warten, bis wiederum die rechte Hand wieder in den Nacken wanderte. Insgesamt stellte der Reporter fünf Fragen und während dieser Zeit sah man siebenmal, wie sich Klose irgendwo am Hinterkopf oder im Gesicht kratzte. Klar ist, dass der Zuschauer sich nun nicht mehr auf die Antworten konzentrieren konnte, sondern mittlerweile schon voller Spannung verfolgte – und wahrscheinlich auch bereit war, darauf Wetten abzuschließen – welche Hand sich als Nächstes im Bild und an Kloses Kopf zeigen würde.

Vor der Kamera stehen Sie im Fokus

Generell gelten Gestiken, die im Gesicht stattfinden, als ein Zeichen von Unsicherheit. Während solche körpersprachlichen Elemente im direkten Gespräch weniger auffallen, bekommen Sie vor laufenden Kameras extra viel Aufmerksamkeit geschenkt. Die Kamera fokussiert sich auf nur eine Person in Nahaufnahme – alles andere, was am Rande noch so stattfindet, wird ausgeblendet. Da es keine Ablenkungen gibt, konzentriert sich das Bild zu 100 Prozent auf den Redenden – und genau das tut natürlich auch der Zuschauer, der zuhause gemütlich auf seinem Sofa sitzt und wirklich nichts anderes zu tun hat, als jede noch so kleine Regung aufmerksam zu verfolgen. Das bedeutet, dass man vor einer Fernsehkamera sowohl nonverbale als auch verbale Elemente noch viel besser im Griff haben muss, als das bei einem „normalen“ Auftritt der Fall ist.

Sprechen Sie langsam, bildhaft und in kurzen Sätzen. Wenn Sie langsam sprechen, fällt es Ihnen auch leichter, mitzudenken und sorgfältig zu formulieren – Sie haben dann schlicht und ergreifend mehr Zeit, jedes Wort auf die Goldwaage zu legen.

Füllwörter sollten sich damit schon fast automatisch aus dem Wortschatz streichen lassen.

Vergessen Sie Ihr Lächeln nicht: In der Aufregung ist es das Erste, was leicht abhanden kommt, aber eben nicht abhanden kommen darf.

Blickkontakt sichert Aufmerksamkeit

Normalerweise gestaltet es sich so, dass Ihnen gegenüber ein Kameramann steht, der von einem Redakteur begleitet wird. Der Redakteur stellt Ihnen die Fragen, der Kameramann filmt. Schauen Sie in diesen Fällen niemals direkt in die Kamera – auch wenn das bei John F. Kennedy damals offensichtlich eine gute Idee gewesen ist. Der Zuschauer ist Zuschauer und möchte Zuschauer bleiben. Er möchte unbeobachtet auf seinem Sofa sitzen bleiben können und keinesfalls direkt angesprochen werden. Halten Sie stattdessen den Blickkontakt zum Redakteur.

Beobachten Sie demnächst einmal, wie viele Menschen nicht in der Lage sind, vor laufenden Kameras den Blickkontakt zu halten. Es ist schon ein bisschen seltsam, wenn sich der Blick auf den Boden richtet, wo man doch eigentlich ein Vier-Augen-Gespräch führt. Wie bereits auf den vorherigen Seiten erwähnt, sind Sie als der Sprechende nicht in der Lage, permanenten Blickkontakt zum fragenden Redakteur zu halten. Wenn Sie überlegen, wandert der Blick auch einmal kurz im Raum umher. Dann jedoch müssen Sie schnell wieder zum Fragenden zurückkehren.

Ein Blickkontakt ist die beste Bestätigung dafür, dass man sich voller Interesse und Aufmerksamkeit dem anderen widmet. Hier fällt im Fernsehen immer wieder auf, dass selbst diejenigen, die es besser wissen sollten, patzen: Johannes B. Kerner beispielsweise ist ein Meister des fehlenden Blickkontakts. Er stellt seinem Gast eine Frage und während dieser dann antwortet, ordnet Kerner seine Karteikarten, murmelt nebenher ein alibimäßiges „mhm“ oder ändert seine Sitzhaltung. Zu seiner Verteidigung sei gesagt, dass Moderatoren während des Gesprächs Regieanweisungen über einen Knopf im Ohr hören, die dann natürlich schon ablenkend wirken können.

Tragen Sie bei einem TV-Auftritt keine kleingemusterte Kleidung – diese flimmert vor der Kamera!

Entgegen der weitläufigen Annahme existiert kein großer Unterschied zwischen einem Live-Auftritt und einer Aufzeichnung. Letztere bedeutet nämlich nicht, dass man beliebig oft neu ansetzen könnte und ein Versprecher es somit nie bis ins Fernsehen schaffen würde. Tatsächlich wird „wie live“ aufgezeichnet – ansonsten wäre der Aufwand sehr groß. Es ist gar nicht so einfach, in der Aufzeichnung wieder zurück an eine Stelle zu finden, von der aus für den Zuschauer unbemerkt weitergemacht bzw. neu aufgezeichnet werden kann.

Das Credo im Umgang mit Redaktionen lautet übrigens immer „Möglichst gestern!“ Bekommt man eine Anfrage von einem Journalisten, so brennt es diesem bereits unter den Nägeln. Wenn Sie jetzt erstmal einen auf vielbeschäftigt machen und einen Termin in der überübernächsten Woche anbieten, so reichen Sie Ihr Geschenk an jemand anderen weiter. Ehe Sie es sich versehen, wird dann nämlich ein anderer gefragt. Plagen Sie des Weiteren den Redakteur damit, dass Sie gern jede einzelne Interviewfrage vorab wissen würden, sind das auch nicht gerade die besten Voraussetzungen. Denn wenn Sie ein Experte auf Ihrem Gebiet sind, dann dürfte es egal sein, welche Frage der Redakteur aus dem Hut zaubert: Sie müssten doch eigentlich für jede einzelne sofort eine Antwort parat haben, oder?

Ein Appell *an den Leser*

Das hier ist kein Schlusswort, sondern ein Appell. Ein Appell an Sie, liebe Leserinnen und Leser. Ich muss Ihnen nicht noch einmal erzählen, dass es jeder schaffen kann, ein faszinierender Redner zu werden. Das konnten Sie schon auf den vorangegangenen Seiten lesen. Doch lassen Sie mich erneut betonen: Das gilt auch für Sie. Glauben Sie mir: Ich habe in meinem Beruf schon viele schlechte Redner kommen – und viele hervorragende Redner gehen sehen. Drei Schlüsselaspekte auf dem Weg zum Erfolg sollten jedoch nicht verschwiegen werden. Sie lauten: Disziplin, Spaß und realistische Ziele.

Wer diesen Dreiklang sein Eigen nennen kann, ist im Vorteil. Das gilt in nahezu jeder Hinsicht: Wie würden Sie zum Beispiel auf die Frage antworten, ob Sie gern Italienisch lernen würden? Oder Spanisch? Die meisten Menschen antworten auf eine solche Frage mit einem begeisterten „Ja“. Sie auch? Nun, ich glaube Ihnen nicht. Ich glaube nicht, dass Sie gern Italienisch lernen

Jeder strebt nach einem Platz an der Sonne – möglichst im Schatten.

wollen. Sie wollen Italienisch sprechen können – lernen müssen wollen Sie es aber eigentlich nicht. Und das ist ein entscheidender Unterschied. Käme eine gute Fee vorbei, die Ihnen in einem einzigen Augenblick die Fähigkeit schenken könnte, eine Sprache Ihrer Wahl fließend zu sprechen – Sie würden das Geschenk ganz sicher ergreifen. Es kommt Ihnen also nicht auf den Prozess des „Lernens“ an – Sie wollen etwas können können.

Und wie sähe es erst aus, wenn Sie den Italienischkurs nicht zusammen mit anderen Anfängern besuchen würden, sondern wenn Sie als Anfänger in den Fortgeschrittenenkurs gehen müssten? Sehr wahrscheinlich wären Sie als das sprachliche Schlusslicht der Gruppe sehr schnell frustriert. Sie würden sich fragen, wozu Sie sich das überhaupt antun. Sie hätten so gut wie keine Erfolgserlebnisse und würden sich einreden, dass Sie ohnehin kein Talent hätten. Wären Sie dagegen schon fortgeschritten und würden neben einem Anfänger sitzen, der sich mit der Sprache noch sehr schwer tut, kämen Sie sich vor wie ein richtiger Überflieger – und das wäre Ihrem Durchhaltevermögen und Ihrem Spaß an der Sache sicher sehr zuträglich. Während Sie im ersten Fall schnell das Handtuch werfen würden, wären Sie im zweiten Fall anfänglich begeistert bei der Sache – würden dann aber irgendwann womöglich aufgrund von Unterforderung die Lust verlieren und Ihr Können gar überschätzen. Tatsächlich ist es gut und richtig, sich zu fordern und sich große Ziele zu stecken. Die meisten Menschen scheitern nicht an Überforderung, sondern daran, dass Sie sich die falschen Ziele gesetzt haben.

Im Lernprozess um die „Kunst, zu wirken“, verhält es sich ähnlich, wie beim Erlernen einer Fremdsprache. Jeder möchte gern vorne stehen und Menschen begeistern. Aber nicht jeder will den Aufwand „dazwischen“ auf sich nehmen. Wir alle wollen nicht lernen, zu reden – wir wollen reden können und bewundern Menschen, die diese Kunst beherrschen. Das eine wird jedoch nicht ohne das andere funktionieren. Für Ihre Motivation und Ihr Durchhaltevermögen ist entscheidend, ob Sie sich nicht zu viel, aber auch nicht zu wenig vornehmen und ob Sie mit Spaß bei der Sache sind.

Merken Sie sich: Ihre Stärken liegen da, wo der Spaß ist. Ihre äußeren Rahmenbedingungen und Ihre innere Einstellung entscheiden über Ihren Erfolg – in jeder Hinsicht. Für Ihre innere Einstellung sind Sie selbst verantwortlich – für Ihre äußeren Rahmenbedingungen auch: Kein Sportler dieser Welt würde auf die Idee kommen, dass er ohne Vorbereitungszeit, ohne fachkundigen Rat eines Trainers und ohne Disziplin zur Spitze gehören könnte. Nehmen Sie sich daran ein Beispiel: Suchen Sie sich jemanden, der Sie fachkundig unterstützt, setzen Sie sich Teilziele, schaffen Sie sich optimale Rahmenbedingungen und bleiben Sie am Ball. Ihre Stärken sind nicht relevant; sie erleichtern nur den Start. Danach fängt das Rennen aber erst richtig an. Ich wünsche Ihnen, dass Sie es mit viel Spaß und Disziplin bis ins Ziel schaffen.

Carolin Lüdemann

LITERATURVERZEICHNIS

Birkenbihl, Vera F.: **„Stroh im Kopf. Gebrauchsanleitung fürs Gehirn“**, mvg, 1996

Canfield, Jack; Hansen, Mark Victor: **„Hühnersuppe für die Seele. Geschichten, die das Herz erwärmen.“**, Arkana, 1996

Carnegie, Dale: **„Rede Dich zum Erfolg“**, Heyne, 2001

Cialdini, Robert B.: **„Die Psychologie des Überzeugens“**, Hans Huber, 2002

Edmüller. Andreas; Wilhelm, Thomas: **„Manipulationstechniken. So wehren Sie sich.“** Haufe, 2010

Egli, René: **„Das Lol²a-Prinzip oder Die Vollkommenheit der Welt“**, Editions d'Olt, 2000

Gladwell, Malcolm: **„Was der Hund sah und andere Abenteuer aus der Welt, in der wir leben“**, campus, 2010

Häusel, Dr. Hans-Georg: **„Emotional Boosting. Die hohe Kunst der Kaufverführung“**, Haufe, 2010

Lüdemann, Carolin: **„Business mit Stil. Erfolg im Geschäftsleben mit modernen Umgangsformen.“**, FinanzBuch Verlag, 2009

Lüdemann, Carolin; Lüdemann, Heiko: **„eBooklet No. 19: Verhandlungskunst. Besser verhandeln, mehr erreichen“**, CoachAcademy, 2006

Lüdemann, Carolin; Lüdemann, Heiko: **„eBooklet No. 16: Körpersprache. Entschlüsseln Sie den geheimen Code“**, CoachAcademy, 2006

Molcho, Samy: **„Körpersprache des Erfolgs“**, Ariston, 2005

Wirth, Bernhard P.: **„Alles über Menschenkenntnis, Charakterkunde und Körpersprache“**, mvg verlag, 2003

ÜBER DIE AUTORIN

Carolin Lüdemann ist Juristin und ausgebildeter Business-Coach. Ihre Vorträge und Seminare – praxisnah, lebendig und durch namhafte Referenzen ausgezeichnet – sind regelmäßig ausgebucht und unterstützen den Einzelnen dabei, die Wirkung auf seine Mitmenschen signifikant zu erhöhen. Carolin Lüdemann ist Mitglied des Deutschen Knigge-Rats und spricht Empfehlungen für das stilgerechte und zeitgemäße Miteinander aus. Als Karriereexpertin bei den TV-Sendern *N24* und *Sat.1* sowie anderer namhafter Medien wie beispielsweise *SWR* Funk und Fernsehen, *Süddeutsche Zeitung* und *Welt* ist sie regelmäßig für eine breite Öffentlichkeit präsent. An ihren Trainings nehmen Spitzensportler sowie Top-Manager und High Potentials aus Industrie, Beratung und Verbänden teil. Weitere Informationen unter www.carolin-luedemann.de

DIE KUNST ZU WIRKEN – EIN APPELL AN MEINE LESER

Liebe Leserinnen und Leser dieses Buches,

es ist der Traum eines jeden Autors, bei seinen Lesern etwas zu bewirken. Davon nehme ich mich natürlich nicht aus. Vielleicht ist es Ihnen beim Lesen dieses Buches an der einen oder anderen Stelle so gegangen, dass Sie dachten „hoppla, das hätte ich nicht gedacht" oder „sieh mal an, das klingt ja überzeugend". Dann wäre ein Großteil meiner Autorenwünsche schon in Erfüllung gegangen.

Möglicherweise aber gehen Sie nach der Lektüre dieses Buches sogar noch einen Schritt weiter. Die Kunst zu wirken, dies das kürzeste Fazit des Buches, hängt von vielen unterschiedlichen Faktoren ab, deren meiste erlernbar und trainierbar sind. Meine Seminare, ob als Einzeltraining oder in Kleinstgruppen, setzen genau hier an: Sie sind sozusagen die Verlängerung des Buches in die Praxis.

Die sehr individuelle Ausrichtung dieser Seminare ist das Geheimnis ihrer Erfolge. Ich erzähle Ihnen in unseren Trainingseinheiten weniger etwas über Ihre Außenwirkung – wir üben lieber, übrigens unter Einsatz modernster Kameratechnik. Und dies in einer absolut geschützten und vertrauensvollen Atmosphäre.

Der Traum der Autorin dieses Buches ginge also vollständig in Erfüllung, wenn diese Zeilen Sie dazu anregen, mit mir Kontakt aufzunehmen. Was wir dann gemeinsam bewegen können und möchten, das kommt ganz auf Sie und Ihre Vorstellungen und Wünsche an.

Es grüßt Sie herzlich

Ihre

Carolin Lüdemann

Silberburgstraße 187 · 70178 Stuttgart
Telefon: 0711. 65 83 57 20
kontakt@carolin-luedemann.de
www.carolin-luedemann.de